Kochen mit dem Wok

Peter Nikolay

Inhalt

Einleitung

Rezepte

Der Wok

Die Geschichte des Woks

Der Wok ist eine chinesische Erfindung mit einer bereits langen Tradition.
Wann er aufkam, läßt sich nicht genau nachvollziehen. Aller Wahrscheinlichkeit nach stammt der Wok auch nicht aus den prachtvollen Palastküchen des Landes, sondern vielmehr aus den Bauernküchen. Dort diente er zur schnellen Zubereitung einfacher Mahlzeiten, denn sein Vorteil war, daß für ihn wegen seiner an eine Halbkugel erinnernden Form eine kleinere Feuerstelle genügte. Auf ihr erhielt er durch Auflegen eines festen Ringes den nötigen Stand. So war es den einfachen Leuten möglich, sogar auf dem Feld problemlos mit dem Wok zu kochen. Im übertragenen Sinne könnte man ihn daher auch als »kleinen, tragbaren Sparherd« bezeichnen. Von den Feldern und aus den Bauernküchen fand der Wok aber schnell den Weg in die großen Palastküchen, in denen er schon bald zu einem klassischen und allseits geschätzten Kochgerät avancierte.
Die Kochkunst der Asiaten hat sich im Laufe der Jahrtausende immer weiter entwickelt und ist heute zu einer Perfektion herangereift, die ihresgleichen sucht. So ist es nicht weiter verwunderlich, daß die asiatische Küche und im speziellen das Garen mit dem Wok heute auch bei uns sehr beliebt geworden ist.

Die richtige Ausstattung

Das Geheimnis jeder guten Küche ist neben den qualitativ hochwertigen Zutaten das richtige Kochgeschirr, denn erst dieses ermöglicht eine optimale Zubereitung.
Die Bezeichnung »Wok« stammt aus dem Kantonesischen und bedeutet dort schlicht »Kochgefäß«. Es handelt sich dabei um eine Bratpfanne mit gerundetem Boden und mit hochgezogenen Seitenwänden. Der ursprüngliche Wok wurde ausschließlich auf offenen Feuerstellen verwendet. Er hatte einen außen abgerundeten Boden und benötigte daher einen speziellen Standring, den man vor dem Aufsetzen des Woks auf die Feuerstelle legte. Dieser Ring gab ihm den nötigen Halt, damit er während des Kochens nicht umkippen konnte.

Traditioneller Wok

Bei uns wird nun aber schon eine Vielzahl an Woks angeboten, die einen außen abgeflachten Boden besitzen. Diese neue Wokform ist genau auf unsere europäischen Bedürfnisse und auch auf unsere Küchenherde abgestimmt. Durch die spezielle Form des Woks wird die Hitze optimal verteilt, wobei sie am tiefsten Punkt des Kochgeräts am stärksten einwirkt. Von dort steigt sie aber weiter in die hochgezogenen Außenwände auf. Wenn man nun während des Garens ständig rührt, kommen alle Zutaten gleichmäßig mit der Hitze in Berührung und werden so auch gleichmäßig gegart. Dadurch bleiben Fleisch und Fisch saftig und das Gemüse behält seine Farbe, seinen Geschmack und seine Vitamine. Der chinesische Wok ist übrigens auch für die Zubereitung vieler europäischer Gerichte ein sehr praktisches Kochgeschirr. Bei der Größe des Woks sollten Sie sich vorher überlegen, für wie viele Personen Sie generell kochen möchten. Zum Garen von etwa vier Portionen bietet sich in jedem Fall ein größerer Wok mit etwa 35 cm Durchmesser an, denn in ihm lassen sich alle Zutaten gut verteilen, so daß die Hitze gleichmäßig einwirken kann und alles auch gleichmäßig gegart wird. Ist der Wok zu klein, liegen die Zutaten übereinander, und es kann nicht zu einer gleichmäßigen Hitzeverteilung kommen. Außerdem besteht die Gefahr, daß die Zutaten über den Rand hinausgerührt werden, da der Platz im Wok nicht ausreicht.
Griffe aus Holz oder aus nicht wärmeleitendem Material haben sich bewährt, denn sie machen die Benutzung von Topflappen überflüssig und ermöglichen es, den heißen Wok problem- und gefahrlos auf den Tisch zu bringen. Denken Sie auch daran, daß Ihr Wok einen Deckel besitzen sollte, den man einerseits zum Dämpfen und andererseits zum Warmhalten der Speisen im Wok benötigt.
Gutes Material ist das A und O des Woks. Wichtig ist, daß er aus einem gut wärmeleitenden Material besteht und die Hitze auch optimal speichern kann. Ob Sie sich nun für

einen beschichteten, einen Edelstahl- oder einen Gußwok entscheiden, bleibt Ihnen überlassen. Das Garverhalten und die Garzeiten sind bei diesen verschiedenen Materialien recht ähnlich. Viel wichtiger ist es, daß Ihre Wahl auf ein qualitativ hochwertiges Markenprodukt fällt. Im folgenden präsentieren wir Ihnen nun eine Reihe verschiedener Woks der Firma SIGG, die alle die obengenannten Anforderungen erfüllen und unter denen Sie den für Sie geeignetsten auswählen können.

Gußwok

Gußwoks haben den großen Vorteil, daß sie die Wärme extrem lange halten. So bleiben die darin gegarten Speisen lange warm. Durch das Gußeisen sind diese Woks schwerer, was sich als günstig erweist, wenn man darin sehr kräftig rühren muß. Je nach Geschmack können Sie zwischen einem Gußwok mit Holzgriffen oder einem mit Metallgriffen wählen. Gußwoks sind allerdings etwas pflegebedürftiger als solche aus anderen Materialien. Nach dem Reinigen mit warmem Wasser sollte man sie stets gut trockenwischen, sie anschließend mit etwas Öl einfetten und erst dann wegstellen.
Ein SIGG-Edelstahlwok aus Mehrschichtenmaterial gehört sicher zu den Glanzstücken eines jeden Haushalts. Er überzeugt sowohl durch seine elegante Form als auch durch sein hochwertiges Material und seine damit verbundene hervorragende Leitfähigkeit.

Edelstahlwok

Besonders geeignet für stimmungsvolles Kochen bei Tisch ist der Wok mit Elektroanschluß. Jeder Gast kann sich dann nach eigenem Geschmack etwas darin kochen, oder man zaubert eine gemeinsame Kreation.

Elektrowok

Antihaftbeschichtete Woks haben den Vorteil, daß sie sich besonders gut reinigen lassen. Verwenden Sie bitte zum Rühren keine Pfannenwender aus Metall.

Wok für Singles

Für kleine Haushalte und für Singles gibt es seit neuestem auch einen etwas kleineren Wok mit nur 28 cm Durchmesser. Er ist sehr handlich und für die Zubereitung zweier Portionen von der Größe her völlig ausreichend.
So wichtig, wie der Kauf eines guten Woks ist, so wichtig ist danach auch dessen Pflege. Waschen Sie ihn vor dem ersten Gebrauch mit heißem, mildem Seifenwasser aus. Nehmen Sie dazu aber nur einen feinen Schwamm, damit Sie Ihren Wok nicht gleich verkratzen. Anschließend wird der Wok trockengewischt, mit etwas Öl eingefettet (am besten geht dies mit einem Backpinsel) und für kurze Zeit auf die warme Herdplatte gestellt. Beachten Sie bei dieser ersten Vorbereitung aber stets die Hinweise Ihres Wokherstellers.
Nach dem Gebrauch wird der etwas abgekühlte Wok als erstes mit Küchenkrepp ausgewischt. Anschließend können Sie ihn noch mit etwas fließendem, heißem Wasser ausspülen. Auf Seifenlauge sollten Sie dabei nach Möglichkeit verzichten, denn sie beschädigt den feinen (und erwünschten) Fettfilm des Woks. Auch hier ist es empfehlenswert, in die Gebrauchsanweisung des Herstellers zu schauen.
Für das Garen mit dem Wok gibt es im Handel auch noch einiges Sonderzubehör. Ein Drahteinsatz, den man oben an den Wok anhängen kann, dient zum Ablegen bereits gegarter Zutaten. Sie können darauf gut abtropfen und werden gleichzeitig durch die Wärme des Woks warm gehalten.
Unentbehrlich für das Garen im Wok ist ein Pfannenheber, der im Idealfall aus Holz besteht. Mit ihm werden die Zutaten ständig im Wok bewegt und so gleichmäßig gegart. Benutzen Sie bitte keine Pfannenwender aus Metall, denn sie verkratzen den Wok leicht und können eine Antihaftbeschichtung beschädigen. Neben dem Pfannenwender können Sie auch große Eßstäbchen zum

Rühren nehmen. Der Sieblöffel wird zum Herausheben bereits gegarter Zutaten aus dem Kochsud oder aus Saucen verwendet, denn durch die kleinen Löcher kann die Flüssigkeit gut abtropfen. Außer braten, schmoren und fritieren kann man im Wok auch dämpfen. Dazu benötigen Sie einen Dämpfkorb aus Bambus, der in gut sortierten Asienläden in mehreren Größen erhältlich ist. Das Bambusgeflecht ist so beschaffen, daß der Dampf gut in den Korb eindringen kann.

Zubehör

Man stellt den Dämpfkorb immer in den Wok, in dem sich schon etwas Flüssigkeit befindet, die aber den Korb nicht berühren darf. Dann legt man den Deckel des Woks auf und dämpft die Zutaten, ähnlich wie im Schnellkochtopf.
Möchten Sie Ihre Gerichte im Wok servieren, dann ist ein Rechaud ein unentbehrliches Zubehör. Im Handel können Sie ihn sowohl mit einem Spiritus- als auch mit einem Pastenbrenner kaufen. Wichtig ist nur, daß er in der Größe zu Ihrem Wok paßt und daß dieser darauf einen guten Stand hat.
Zum Abgießen des heißen Fettes aus dem Wok ist ein hitzebeständiges, größeres Gefäß nötig. Darin kann das Fett dann erkalten.
Reis ist in der asiatischen Küche von jeher ein zentraler Bestandteil eines jeden Essens. Auch zu den in diesem Buch vorgestellten Gerichten (mit Ausnahme der Suppen, Vorspeisen, Eier- und Nudelgerichte) paßt Reis als Beilage stets am besten. Auf der Seite 21 finden Sie dazu ein Grundrezept für die Reiszubereitung. Für die Liebhaber von körnigem Reis gibt es seit neuestem auch ein spezielles Gerät im Handel, den SIGG-Ricecooker. Mit ihm läßt sich schnell und schonend köstlicher Reis zubereiten, der auch für längere Zeit darin warm gehalten werden kann.

Ricecooker

Garmethoden

Vor dem Garen

Vorbereiten der Zutaten
Schneiden Sie zunächst alle Zutaten, wie zum Beispiel Fleisch und Gemüse, in die im Rezept angegebenen Stücke, Würfel, Scheiben oder Streifen. Je kleiner die Stücke dabei sind, umso kürzer sind hinterher ihre Garzeiten. Stellen Sie das so vorbereitete Gargut getrennt in kleinen Schälchen neben den Wok, dann haben Sie alles immer schnell griffbereit. Diese Vorbereitung ist sehr wichtig, denn während des schnellen Garens bleibt Ihnen gar keine Zeit, noch etwas kleinzuschneiden oder bereitzustellen.

Vorbereiten des Woks
Erhitzen Sie zunächst 1 Eßlöffel Öl im Wok, schwenken Sie ihn damit aus, und gießen Sie das Öl dann wieder ab (am besten in ein hitzebeständiges Gefäß, das neben dem Wok steht). Diesen Vorgang wiederholen Sie einmal. Diese Vorbereitung ist äußerst wichtig, denn sie verhindert, daß die Zutaten während des Garens im Wok anhängen.

Organisation
Beim Kochen mit dem Wok werden zunächst alle Zutaten vorbereitet und eventuell kleingeschnitten. Dann schwenkt man den Wok zweimal mit Öl aus, und erst danach geht es ans eigentliche Garen. Dabei gibt man zunächst die Zutaten in den Wok, die die längste Garzeit besitzen, und fügt die sehr zarten Zutaten erst etwas später hinzu, damit sie schön knackig bleiben und nicht übergaren.

Unter Rühren braten

Dies ist die beliebteste und schnellste Methode des Garens mit dem Wok, denn die Zutaten behalten ihren Geschmack und ihre Farbe und werden bißfest gegart. Durch die große Hitze schließen sich die Poren des Gargutes sofort, so daß kein Saft mehr austreten kann. So bleibt Fleisch innen schön saftig und erhält trotzdem außen eine schöne Kruste. Bei dieser Garmethode ist es besonders wichtig, daß alle Zutaten in kleine, gleich große Stücke geschnitten werden und daß das Fett im Wok sehr heiß ist. Geben Sie dann zuerst die Zutat mit der längsten Garzeit in den Wok (dies ist meist das Fleisch), und braten Sie sie unter ständigem Rühren. Nur so kann die Hitze von allen Seiten auf die kleinen Stücke einwirken, und sie werden gleichmäßig gegart. Gerade für dieses Rühren ist die Form des Woks besonders gut geeignet. Das Braten dauert in der Regel nicht länger als ½ bis 1½ Minuten. Nehmen Sie dann das Gargut aus dem Wok, und stellen Sie es warm. Nun werden die anderen Zutaten (meist das Gemüse) auf die gleiche Art und Weise gebraten und eventuell mit einer Sauce verrührt. Zuletzt geben Sie alle warmgehaltenen Zutaten wieder in den Wok und rühren noch einmal vorsichtig um, damit sich alles gut mischt. In unseren Rezepten wurde zum Beispiel die »Hühnerbrust mit Mandeln, Litschis und Mango« (siehe Seite 73) nach der beschriebenen Garmethode zubereitet.
Manchmal brät man auch jede Zutat einzeln oder nur wenige zusammen, nimmt sie dann immer aus dem Wok und stellt sie warm. Danach macht man die Sauce und erwärmt die anderen Zutaten noch einmal kurz darin. Nach dieser Methode wurde zum Beispiel das »Lammfilet mit rotem Paprika und Zuckerschoten« (siehe Seite 68) zubereitet.

Kochen

Im Wok kann man auch ganz normal, wie im Topf, kochen. Diese Garmethode wird in der Hauptsache bei der Zubereitung von Suppen angewendet.
Braten Sie zunächst die für die Suppe nötigen, kleingeschnittenen Zutaten in wenig Öl an, und gießen Sie die im Rezept angegebene Flüssigkeit hinzu. Dann lassen Sie alles zusammen so lange kochen, wie im Rezept angegeben, achten Sie aber darauf, daß die Zutaten dann noch bißfest sind. Das Fleisch sollte dabei aber gut weich werden. Wichtig ist, daß Sie die Flüssigkeit immer knapp unter dem Siedepunkt halten, denn sie darf nicht sprudelnd kochen.
Ein Beispiel für das Kochen mit dem Wok ist die »Fenchelsuppe mit Pinienkernen« (siehe Seite 24).

Schmoren

Diese Garmethode ist eigentlich mit dem bekannten Schmoren im Topf vergleichbar, nur daß es im Wok viel schneller geht. Man spricht daher auch vom Kurzschmoren.
Braten Sie hierzu Ihre Zutaten zunächst wie links beschrieben an, damit sich die Poren schließen. Danach gießen Sie die in den Rezepten angegebene Flüssigkeit oder Sauce hinzu und schmoren alles zusammen so lange, wie im Rezept vorgeschrieben. Verschließen Sie den Wok dabei nicht mit einem Deckel, dann wird die Sauce durch die Hitze reduziert und ihr Aroma verstärkt. Wichtig ist, daß Sie auch während des Schmorens einige Male umrühren, damit die Sauce im Wok nicht anhängt.
Ein Beispiel für diese Garmethode ist das Rezept »Schweinenacken mit milden Peperoni« (siehe Seite 56).

Fritieren

Hier wird das Gargut, meist sind es Teigtaschen oder in Teig gehüllte Zutaten, in Fett schwimmend ausgebacken. Die Garzeit richtet sich dabei nach der Größe des Garguts. Wichtig ist, daß das Fett richtig heiß ist, damit sich der Teig nicht mit Fett vollsaugt. Wenn das Gargut eine schöne, goldgelbe Farbe hat, nehmen Sie es mit einem Sieb- oder einem Schaumlöffel heraus und lassen es auf Küchenkrepp gut abtropfen. Da beim Fritieren viel Fett verwendet wird und die Gerichte dadurch auch viel Fett enthalten, haben wir diese Garmethode nur selten in den Rezepten eingesetzt. Ein Beispiel dafür sind die »Frühlingsrollen mit Kokosnuß und Hähnchenbrust« (siehe Seite 156).

Dämpfen

Besonders zu empfehlen ist diese Garmethode bei Teigtaschen, aber auch bei Gemüse, Fleisch und Fisch. Sie benötigen dafür einen großen Wok mit Deckel und den bereits weiter vorne beschriebenen Dämpfkorb, wobei dieser einen kleineren Durchmesser haben muß als der Wok.
Zuerst füllen Sie den Wok zu etwa einem Siebtel mit Wasser und bringen es zum Kochen. Legen Sie dann das Gargut auf einen flachen Teller, der etwas kleiner ist als der Dämpfkorb, und stellen Sie diesen in den Wok. Dann legen Sie den Deckel auf und dämpfen das Gargut, bis es weich ist. Nehmen Sie während des Garens so selten wie möglich den Deckel ab, aber achten Sie darauf, daß immer genug Flüssigkeit im Wok ist. Diese Garmethode ist etwas aufwendiger, daher haben wir sie bei unserer Rezeptauswahl auch nicht berücksichtigt. Probieren Sie aber einmal, feines Gemüse oder frisches Fischfilet auf diese Weise zuzubereiten.

Obst, Gemüse und frische Pilze

Auberginen gibt es in vielen verschiedenen Sorten. Bei uns sind vor allem die großen violetten bekannt, in gut sortierten Gemüsegeschäften aber findet man auch kleinere, grüne, die als große und kleine Makeur bezeichnet werden sowie etwas größere grüne Auberginen ①.

Große Makeur ② sind rund bis oval und haben etwa die Größe einer Aprikose. Sie sind am Stielansatz grün und werden zur Frucht hin weiß. Große Makeur stammen aus Asien, werden heute aber auch schon in Europa angebaut.

Kleine Makeur ③ sind etwa so groß wie eine Kirsche, ihre Früchte sind grün. Diese Auberginensorte wird in Asien kultiviert. Da Auberginen fast keinen Eigengeschmack haben, müssen aus ihnen zubereitete Gerichte stets kräftig gewürzt werden. Für das Kochen im Wok sollte man nur kleine Früchte verwenden, sie werden halbiert oder geviertelt, aber nicht geschält.

Bambussprossen ④, auch Bambusschößlinge genannt, finden in der asiatischen Küche vielfach Verwendung. Bei ihnen handelt es sich um die jungen, noch nicht verholzten Sprossen und Triebe immergrüner Gräser. Die kurzen, spitzkegelförmig zulaufenden Sprossen sind in frischem Zustand von bleichen Blättern umhüllt, die vor der weiteren Verarbeitung entfernt werden müssen. Bambussprossen besitzen einen ganz eigenen, leicht bitteren Geschmack und werden meist in Streifen oder in Würfel geschnitten zum Kochen verwendet. Bei uns bekommt man sie selten frisch, sondern meistens halbiert oder in Streifen geschnitten in Dosen.

Blaue Kartoffeln ⑤ oder auch Truffe de chine stammen meist aus Asien, werden aber seit neuestem auch in Europa angebaut. Man verarbeitet sie in der Küche wie ganz normale Kartoffeln.

Chilischoten ⑥, auch Chilies oder Pfefferschoten genannt, sind Verwandte des Paprikas. Man erhält sie sowohl in unterschiedlicher Größe als auch in verschiedenen Farben – ob grün, gelb oder rot, hängt von ihrem Reifegrad ab. Im Geschmack können sie sowohl mild als auch sehr scharf sein, wobei die kleinsten Schoten am schärfsten sind. Für den europäischen Geschmack sind daher die großen Schoten empfehlenswerter. Vor der Verwendung sollte man aus den halbierten Schoten die kleinen Kerne und die wattigen Häute entfernen, denn sie besitzen die intensivste Schärfe. Danach werden die Schoten klein geschnitten, wie im Rezept beschrieben. Chilischoten sind bei uns sowohl frisch als auch getrocknet im Angebot. Die getrockneten Schoten werden dabei im Ganzen mitgegart und verleihen dem Gericht die besondere Schärfe. Mitgegessen werden sie jedoch nicht. Aber Vorsicht bei der Dosierung! Je länger die Schoten mitgaren, umso schärfer wird das Gericht. Beginnen Sie zunächst mit einer Schote, und erhöhen Sie die Menge erst nach dem Abschmecken.

Fingermais ⑦, auch Minimais genannt, sieht aus wie ganz normale Maiskolben, ist aber nur etwa 8 cm lang und im Geschmack etwas milder als sein großer Bruder. Man bekommt ihn sowohl frisch in gut sortierten Gemüsegeschäften als auch eingelegt in Konserven. Bei diesen müssen Sie jedoch darauf achten, daß die Maiskölbchen nicht sauer eingelegt sind, denn die Säure verfälscht sonst den Geschmack Ihres Gerichtes. Bewahren Sie Fingermais stets im Kühlschrank auf, damit er seine feine Süße behält.

Frühlingszwiebeln ⑧, auch Lauch- oder Bundzwiebeln genannt, werden bei uns das ganze Jahr über angeboten. Sie sehen aus wie kleine Lauchstangen und finden in der Küche ähnlich Verwendung wie Zwiebeln. Man verarbeitet sowohl das untere weiße Ende als auch die unteren grünen Stücke, die in dünne Röllchen geschnitten werden. Frühlingszwiebeln müssen relativ rasch verwendet werden, denn sie welken schnell. Im Kühlschrank halten sie sich nur etwa 2 Tage lang frisch.

Litschis ①, auch Lychees geschrieben, sind die Früchte eines Baumes, der in Südchina beheimatet ist. Die Litschis wachsen in Rispen, die aus bis zu 20 Früchten bestehen können. Man kann diese kleinen exotischen Früchte fast ganzjährig frisch in Obst- oder Asienläden kaufen. Vor der Verwendung muß die feste Schale entfernt werden. Dann halbiert man die Früchte und löst den dunklen Kern heraus. Litschis kann man roh essen oder sie kurz beim Kochen mitgaren. Falls Sie sie nicht frisch kaufen können, greifen Sie zu eingelegten Litschis aus dem Glas. Wegen ihrer Süße sollten diese jedoch nur für süßsaure Gerichte verwendet werden.

Pak Soi ②, auch Japankohl genannt, zählt zu den Kohlarten. Da er sehr zarte Blätter besitzt, sollte er nie zu lange gegart werden, denn sonst geht sein feines Aroma verloren. Zum Kochen kann man entweder die ganzen Blätter verwenden oder den Kohl in etwa 1 cm breite Streifen schneiden. Pak Soi läßt sich gut einfrieren. Dafür die Blätter kurz in kochendem Wasser blanchieren, abtropfen lassen und dann in Folie verpackt einfrieren. Falls Sie Pak Soi nicht im Handel bekommen sollten, können Sie ihn durch Chinakohl oder durch Endivien ersetzen.

Passepierre ③, auch Glasschmalz genannt, sind blattlose Pflanzen mit kurzen, dickfleischigen, grünen Gliedern. Passepierre kommt an der europäischen Nordseeküste vor und wird in der Zeit zwischen April und Juni angeboten. Der Geschmack ist leicht salzig. Zum Garen sollten Sie nur jungen Passepierre verwenden. Sie finden dieses Gemüse meist in guten Fischgeschäften oder in französischen Feinkostläden.

Schwarze Walnüsse ④ sind noch unreife Walnüsse, die nach der Ernte in der Schale reifen, bis diese sich schwarz färbt. Sie werden durch Kochen konserviert, wobei ihr unvergleichliches Aroma gut erhalten bleibt. Bei uns bekommt man sie in Saft eingelegt in Dosen. Diese Walnüsse werden mit der Schale gegessen.

Shiitakepilze ⑤ oder Tongupilze zählen zu den Edelpilzen und kommen bei uns sowohl frisch als auch getrocknet in den Handel. Ihr Fleisch ist fest und saftig. Frische Pilze werden vor der Zubereitung nur mit einem feuchten Tuch abgerieben und am Stiel ein Stück gekürzt. Wenn Sie getrocknete Shiitakepilze verwenden, die fast ebenso aromatisch sind wie die frischen, dann müssen sie vor der Verwendung erst einige Zeit in lauwarmem Wasser quellen. Bitte beachten Sie dabei die Angaben auf der Verpackung. Anschließend werden die harten Stiele abgeschnitten, denn man kann sie nicht mitessen.

Sojabohnenkeimlinge ⑥ schmecken knackig-frisch und besitzen viele Vitamine und Mineralstoffe. Da sie sehr zart sind, benötigen sie nur kurze Garzeiten. Nicht verwechselt werden sollten sie mit den Mungobohnenkeimlingen, die kleiner und etwas bitterer im Geschmack sind. Falls Sie die Sojabohnenkeimlinge nicht bekommen können, sind Mungobohnenkeimlinge aber ein guter Ersatz. Sojabohnenkeimlinge können Sie sowohl frisch (im Bio- oder im Asienladen) als auch in Konserven kaufen. Man kann sie auch problemlos selbst ziehen. Die Keimdauer beträgt 3 bis 4 Tage.

Tamarillos ⑦, auch Baumtomaten genannt, sind tropische Früchte, die zur Familie der Nachtschattengewächse gehören. Die länglichen, eiförmigen Früchte werden bis zu 9 cm lang und besitzen eine orangefarbene bis braunrote Schale, die nicht mitgegessen wird. Das Fruchtfleisch ist gelb bis rot und wird zur Mitte hin weicher. Das etwas gelartige Kernfleisch mit den dunklen Samenkernen ist ebenfalls eßbar. Die Tamarillos haben einen angenehm herbsüßen Geschmack, der entfernt an den von Tomaten erinnert. Sie müssen vor dem Verzehr geschält werden und lassen sich dann sowohl roh für Fruchtsalate und Sorbets als auch gegart verwenden.

Trompetenpilze ⑧ sind kleine schwarze Waldpilze, die auch unter dem Namen Herbsttrompeten im Handel sind. Frisch bekommt man sie nur vom Spätsommer bis zum Winter; es gibt sie aber auch in getrockneter Form zu kaufen.

Wasserkastanien ⑨ sind kleine runde Knollen, die an den Wurzelenden der Wasserkastanienpflanze sitzen. Sie haben ein festes, weißes, knackiges Fleisch und einen charakteristischen süßen Geschmack. Bei uns bekommt man sie in Dosen. Die Wasserkastanien können im Ganzen oder auch in Scheiben geschnitten für Gerichte verwendet werden. Falls Sie welche übrig haben, bewahren Sie sie in etwas Wasser, das Sie täglich erneuern sollten, in einem Glasgefäß im Kühlschrank auf.

Gewürze, Würzmittel und Kräuter

Austernsauce ① wird aus fermentierten Fischen, Muscheln und Austern hergestellt und ist dickflüssiger als alle anderen asiatischen Würzsaucen. Man bekommt sie meist in gut sortierten Feinkost- oder Asienläden. Seien Sie aber sparsam bei der Verwendung.

Basilikum ② ist ein klassisches Gewürzkraut, das auch aus der europäischen Küche nicht mehr wegzudenken ist. Das asiatische Basilikum hat ein milderes Aroma als unser einheimisches. Falls Sie dieses nehmen, seien Sie deshalb etwas sparsam beim Würzen.

Currypasten ③ gibt es in Rot, Grün und Gelb. Sie werden zum Aromatisieren verwendet. Man kann sie aber auch leicht selbst machen (siehe Seite 20 bis 21).

Currypulver ④ ist eine Mischung aus vielen verschiedenen Gewürzen und wird auch in der europäischen Küche schon häufig verwendet. Nehmen Sie am besten englisches oder indisches Currypulver, denn diese Sorten schmecken sehr aromatisch und trotzdem nicht bitter.

Fischsauce ⑤ ist in der thailändischen und in der vietnamesischen Küche einfach unentbehrlich. Sie wird aus fermentierten Shrimps und Fischen hergestellt und dient meist als Salzersatz. Gute Qualität erkennt man an ihrer klaren, braunen Farbe, die der von Sherry ähnelt.

Gelbwurz ⑥, auch Kurkuma genannt, ist eine orangefarbene Wurzel mit scharfem, ingwerähnlichem Geschmack. Die Wurzel wird geschält und dann feingerieben zum Würzen und Färben von Gerichten verwendet. Seien Sie aber sparsam bei der Dosierung. Falls Sie frische Gelbwurz nicht bekommen können, nehmen Sie Kurkumapulver.

Ingwer ⑦ wird in der asiatischen Küche sehr häufig verwendet. Er hat aber auch in der europäischen Küche schon Einzug gehalten. Die junge frische Ingwerwurzel wird geschält und dann gerieben, feingehackt oder in dünne Scheiben geschnitten zum Würzen der Speisen genommen. Älterer Ingwer sollte nur mitgegart und dann wieder aus dem Gericht entfernt werden, denn sonst schmeckt es zu scharf. Die Knolle läßt sich, eingewickelt in ein feuchtes Tuch, über längere Zeit im Kühlschrank aufbewahren. Im Handel findet man neben frischen Ingwerwurzeln auch getrockneten Ingwer in Pulverform oder in Stückchen sowie eingelegten Ingwer. Letzteren sollten Sie aber nur für süß-saure Gerichte verwenden. Zu bevorzugen ist aber nach wie vor die frische Wurzel, denn sie besitzt das beste Aroma.

Knoblauchgras ⑧, auch chinesischer Schnittlauch, Schnittknoblauch oder Schnittlauchknoblauch genannt, gehört zur Gruppe der Kräuter. Die Blätter ähneln denen des herkömmlichen Schnittlauchs und schmecken mild nach Knoblauch oder nach Bärlauch. Knoblauchgras wird beim Kochen ausschließlich zum Aromatisieren von Gerichten und ebenso wie Schnittlauch, in kleine Stücke oder in Röllchen geschnitten verwendet. Sie können Knoblauchgras in gut sortierten Gemüsegeschäften oder auf dem Wochenmarkt kaufen oder es auch selbst im Garten aus Samen ziehen. Falls Sie kein Knoblauchgras bekommen, würzen Sie die Gerichte mit etwas zerdrücktem Knoblauch.

Kokossahne ⑨ findet man bei uns im Handel unter verschiedenen Bezeichnungen. Auf den Dosen steht entweder Kokossahne, Kokoscreme, Kokospaste oder manchmal auch Kokosmilch. Wichtig ist, daß sie eine cremige Konsistenz hat und nicht gesüßt ist. Verwendet wird sie hauptsächlich für Suppen und Saucen sowie zum Aromatisieren von Gerichten. Wenn Sie möchten, können Sie die Kokossahne auch selbst herstellen: Nehmen Sie eine frische Kokosnuß, halbieren Sie sie mit einem Schlagmesser oder mit einer Säge, und kratzen Sie das weiße Fruchtfleisch mit einem Löffel oder einem Messer heraus. Pürieren Sie das Fleisch zusammen mit der gleichen Menge kochendem Wasser in einem Mixer, und streichen Sie das Püree durch ein Sieb. Dann lassen Sie es etwa 20 Minuten ziehen, bis sich am Gefäßboden die dünnflüssige Milch abgesetzt hat. Schöpfen Sie die »Sahne« ab. Die dünnflüssige Milch können Sie gegebenenfalls zum Verdünnen der Sahne oder auch zum Aromatisieren von Gerichten verwenden. Am besten ist es, wenn Sie die Kokossahne auf Vorrat herstellen und sie dann portionsweise einfrieren.

Korianderblätter ⑩, nicht zu verwechseln mit den Korianderkörnern, sind ein typisches Gewürzkraut. Man bekommt sie in gut sortierten Gemüsegeschäften. Ihr Aroma ist durch die Verwendung von Korianderkörnern nicht zu ersetzen.

Mango Chutney ⑪ ist ein würzig-fruchtiges Obstkompott, das einerseits als Dip, andererseits auch als Würzzutat verwendet werden kann. Im Handel findet man meist zwei verschiedene Varianten: das fruchtig-süße »Sweet Mango Chutney« und das scharfe »Hot Mango Chutney«. Notfalls können Sie Mango Chutney durch eine Mischung aus aromatischer Aprikosenkonfitüre und etwas Senf ersetzen.

Meerrettichpaste ⑫ ist ein japanisches Erzeugnis, das aus grünen Meerrettichsprossen hergestellt wird. Sie schmeckt etwas intensiver und schärfer als unser frischgeriebener Meerrettich und sollte daher recht vorsichtig zum Würzen verwendet werden. Ersatzweise kann man natürlich auch unseren Meerrettich nehmen.

Pilzsauce, auch Mushroomsauce genannt, wird aus getrockneten, schwarzen asiatischen Pilzen hergestellt. Bitte seien Sie bei der Dosierung vorsichtig, denn die Sauce schmeckt sehr intensiv. Ersatzweise können Sie auch Sojasauce zum Würzen nehmen.

Pflaumenwein ist ein süßer, aromatischer Wein mit feinem Pflaumenaroma. Er läßt sich aber durch einen süßen, vollmundigen europäischen Wein ersetzen.

Reisschnaps wird aus den gleichen Zutaten hergestellt wie Reiswein. Statt Reisschnaps können Sie auch einen guten Korn oder einen Grappa nehmen.

Reiswein ist eine der ältesten chinesischen Spirituosen und wird aus Klebreis, Hefe und Wasser zubereitet. Im Handel findet man ihn manchmal auch unter dem Namen Shaoxingwein (Shao Hsing). Ersatzweise können Sie statt Reiswein auch einen trockenen Sherry verwenden.

Sambal Manis ⑬, wird aus getrockneten Zwiebeln, gebratenen Chilis, Salz, Zucker und Zitronensaft hergestellt und hat eine angenehm milde Schärfe. Wenn Ihnen Sambal Oelek zu scharf ist, dann ist diese mildere Variante genau das richtige für Sie.

Sambal Oelek ① ist eine sehr scharfe Gewürzpaste, die aus getrockneten roten Chilis, Essig und Salz hergestellt wird. Seien Sie beim Würzen bitte sehr vorsichtig, denn die Schärfe des Sambal Oeleks merkt man erst nach einiger Zeit. Eine Messerspitze davon genügt oft schon zum Würzen. Sambal Oelek ist mittlerweile vielerorts zu bekommen.

Satepulver ② ist eine Gewürzmischung, die aus Zitronengras, Chilis, Sternanis, Salz, Zucker und Koriander besteht. Man bekommt sie meist in Asiengeschäften. Notfalls kann sie auch durch eine normale chinesische Gewürzmischung ersetzt werden.

Shrimpspaste ③, auch Garnelenpaste oder Kapi genannt, ist eine kräftig schmeckende Würzpaste, die aus gesalzenen, getrockneten Garnelen hergestellt wird. Wegen ihres einzigartigen Aromas wird sie hauptsächlich für Currys und für Dips verwendet. Gute Qualität erkennt man an einem leichten Duft nach Meer. Bewahren Sie die Shrimpspaste immer gut verschlossen auf, damit ihr Aroma nicht verlorengeht. Im Handel findet man sie hauptsächlich in Asiengeschäften. Eine Alternative für die Shrimpspaste gibt es leider nicht.

Sojasauce ④ ist in der asiatischen Küche ein unentbehrliches Würzmittel. Sie wird aus fermentierten gelben Sojabohnen zusammen mit Weizen, Gerste, Salz, Zucker und Hefe hergestellt und ist hierzulande in fast jedem größeren Lebensmittelgeschäft erhältlich. Angeboten werden die dunkle Sojasauce, die mit Zuckercouleur gefärbt ist, und die helle Sojasauce. In Asien kennt man jedoch noch viele weitere Arten. Für die Rezepte dieses Buches empfiehlt sich die Verwendung der hellen Sojasauce. Die dunkle, leicht süßlich-bitter schmeckende Variante sollte nur sehr sparsam eingesetzt werden.

Sternanis ⑤ ist ein exotisches Gewürz, dessen Geschmack ganz leicht an unseren Anis erinnert. Er wird für viele asiatische Gerichte verwendet und ist auch Bestandteil zahlreicher Gewürzmischungen. Nehmen Sie am besten die ganzen Anisstücke, denn das Pulver hat meist ein zu intensives Aroma.

Zitronenblätter ⑥ sind typisch für die Thaiküche. Sie stammen vom Kaffir-Zitronenbaum, haben ein unverwechselbares Aroma und werden ausschließlich als Würzzutat mitgekocht. Vor dem Servieren des Gerichtes entfernt man die Blätter. Waschen Sie sie vor der Verwendung gründlich. Man bekommt sie meist in Asienläden oder in Obst- und Gemüsefachgeschäften. Ersatzweise können Sie statt der Blätter auch Zitronengras oder etwas abgeriebene Limettenschale nehmen.

Zitronengras ⑦, auch Zitronellgras genannt, ist ein schilfähnliches Gras, das beim Zerreiben einen zitronenähnlichen Duft verbreitet. Schon vor einiger Zeit hat es in der kreativen modernen deutschen Küche Einzug gehalten und wird hier hauptsächlich zum Aromatisieren von Gerichten genommen. Man verwendet primär die zwiebelartig verdickten unteren Enden, weniger das Blattgrün. Wenn Sie Zitronengras nicht bekommen können, nehmen Sie statt dessen etwas abgeriebene Limettenschale zum Würzen.

Trockenprodukte

Algen ①, wie Kaiso- oder Wakamealgen, sind eine Spezialität der asiatischen Küche. Sie haben sehr wenig Kalorien, aber viele Ballaststoffe und besitzen eine verdauungsfördernde Wirkung. Die getrockneten Algen sollten vor ihrer Verwendung einige Zeit in Wasser gelegt werden, damit sie weich werden. Garen Sie sie jedoch längere Zeit in einem Gericht mit, ist dies nicht erforderlich.

Asiatische Eiernudeln ② sehen ähnlich aus wie unsere Nudelsorten und schmecken auch fast genauso. Man erhält sie meist in Quader gepreßt oder zu kleinen Bündelchen zusammengelegt. Selbstverständlich können Sie für Ihre Gerichte auch herkömmliche Eiernudeln (zum Beispiel Bandnudeln) nehmen.

Getrocknete Pilze ③ werden in der asiatischen Küche sehr häufig verwendet. Sie sind in jedem gut sortierten Lebensmittelgeschäft erhältlich, ansonsten empfiehlt sich der Weg zu einem Asiengeschäft. Allen Pilzen gemeinsam ist, daß sie vor der Verwendung in lauwarmem Wasser eingeweicht werden müssen. Bitte richten Sie sich dabei nach der Packungsanweisung. Falls die Pilze längere Zeit in Flüssigkeit mitgegart werden, ist ein Einweichen nicht unbedingt nötig. Denken Sie daran, daß sich das Volumen der Pilze während des Quellvorgangs um ein Vielfaches vergrößert. Nehmen Sie daher immer eine relativ große Schüssel. Mu-err-, Wolkenohrpilze oder chinesische schwarze Morcheln werden nach dem Quellen weich und besitzen nur wenig Eigengeschmack. Die weißen Morcheln, auch Bärentatzen genannt, sehen aus wie krauser Kohl und bleiben auch nach dem Quellen bißfest.

Glasnudeln ④ werden aus gemahlenen Mungobohnen hergestellt und sind völlig geschmacksneutral. Sie nehmen aber leicht das Aroma anderer Zutaten und Gewürze an. Vor der Zubereitung muß man sie etwa 5 Minuten in kaltem Wasser weichen lassen, damit sie geschmeidig werden. Anschließend können Sie sie mit einer Schere in kleine Stücke schneiden. Glasnudeln werden entweder eingeweicht und dann mitgegart oder im Rohzustand in heißem Öl fritiert.

Lilienknospen ⑤ müssen, ebenso wie die getrockneten Pilze, vor dem weiteren Verbrauch eingeweicht werden. In Gerichten sorgen sie für einen lieblichen Geschmack.

Reisblätter ⑥ verwendet man ausschließlich für Teigtaschen, die anschließend entweder gebraten oder gedämpft werden. Vor der weiteren Verwendung weicht man die Blätter zunächst einzeln in Wasser ein, damit sie geschmeidig werden. Dann nimmt man sie heraus und läßt sie nebeneinander auf Küchenkrepp abtropfen. Reisblätter sind im Handel in verschiedenen Größen erhältlich.

Reismehl ⑦ und **Kartoffelstärke** ⑧ werden in der asiatischen Küche häufig zum Marinieren von Fleischstücken und zum Binden von Saucen verwendet. Man bekommt diese Trockenprodukte in jedem gut sortierten Lebensmittelgeschäft.

Schwarze Bohnen ⑨ sind kleine, fermentierte und getrocknete Sojabohnen. Vor dem Gebrauch müssen sie etwa 2 Stunden in kaltem Wasser quellen und werden dann in etwa 40 Minuten in Wasser gegart.

Grundrezepte für Würzsaucen, Pasten und Reis

Kräuter-Chili-Sauce

6 grüne Chilischoten, entkernt und kleingehackt
1 Frühlingszwiebel, kleingehackt
5 g junge Ingwerwurzel, kleingehackt
2 Knoblauchzehen, kleingehackt
50 g Salatgurke
20 g Karotte, kleingehackt
2 Zitronenblätter oder 1 Stange Zitronengras, kleingehackt
1 Zweig Koriander, kleingehackt
2 EL Essig
2 TL Zucker
5 EL Fischsauce
Mineralwasser zum Verdünnen

Alle kleingehackten Zutaten mit dem Essig, dem Zucker und der Fischsauce verrühren und nach Geschmack mit Mineralwasser verdünnen.

Rote Chilisauce

100 g Schalotten, gewürfelt
8 rote Chilischoten, halbiert und entkernt
4 Knoblauchzehen, gewürfelt
3 EL Fischsauce
2 EL brauner Rohrzucker
Saft von 2 Zitronen
Mineralwasser zum Verdünnen

Die zerkleinerten Zutaten im Wok ohne Fettzugabe goldbraun rösten. Dann zusammen mit der Fischsauce, dem Zucker und dem Zitronensaft im Mixer pürieren. Nach Bedarf mit Mineralwasser verdünnen.

Chili-Gewürz-Sauce

3 Schalotten, gewürfelt
6 Knoblauchzehen, gewürfelt
20 g junge Ingwerwurzel, kleingehackt
8 rote Chilischoten, halbiert und entkernt
etwas Erdnußöl
1 EL Korianderkörner
1 Zweig Koriander, kleingehackt
1 EL Garnelenpaste
1 EL Essig
4 EL Fischsauce
2 EL brauner Rohrzucker
Mineralwasser zum Verdünnen

Schalotten, Knoblauch, Ingwer und Chilischoten in etwas Öl im Wok goldbraun rösten. Dann zusammen mit den restlichen Zutaten (außer dem Mineralwasser) im Mixer zu einer glatten Masse pürieren. Nach Bedarf mit Mineralwasser verdünnen.

Grüne Currypaste

20 grüne Chilischoten, halbiert und entkernt
1 Muskatnuß
1 Zimtstange
2 Stangen Zitronengras, kleingeschnitten
10 g Korianderkörner
5 g Kreuzkümmel
10 geschälte Knoblauchzehen, fein gehackt
3 Schalotten, kleingehackt
1 Zweig Koriander
1 Zweig Basilikum
50 g Spinatblätter, fein gehackt
1 TL Salz
1 EL Garnelenpaste
Mineralwasser zum Verdünnen

Die Chilischoten zusammen mit Muskat, Zimt, Zitronengras, Koriander und Kreuzkümmel im Wok ohne Fettzugabe leicht rösten. Dann zusammen mit Knoblauch, Schalotten, den frischen Kräutern, Spinat, Salz und Garnelenpaste im Mixer pürieren. Die Paste mit etwas Mineralwasser verrühren.

Gelbe Currypaste

2 rote Chilischoten, halbiert und entkernt
10 gelbe Chilischoten, halbiert und entkernt
10 g Korianderkörner
5 g Kreuzkümmel
10 g Gelbwurz (Kurkuma), kleingehackt
5 g Gewürznelken
2 Stangen Zitronengras, kleingeschnitten
1 Zimtstange
3 Schalotten, kleingehackt
10 geschälte Knoblauchzehen, kleingehackt
15 g junge Ingwerwurzel, kleingehackt
1 TL Salz
1 EL Garnelenpaste
Mineralwasser zum Verdünnen

Die Chilischoten zusammen mit Koriander, Kreuzkümmel, Gelbwurz, Gewürznelken, Zitronengras und Zimt im Wok ohne Fettzugabe leicht anrösten. Dann zusammen mit Schalotten, Knoblauch, Ingwer, Salz und Garnelenpaste im Mixer pürieren. Die Paste mit etwas Mineralwasser verrühren, damit sie streichfähiger wird.

Rote Currypaste

15 rote Chilischoten, halbiert und entkernt
10 g Korianderkörner
5 g Kreuzkümmel
1 Zimtstange
1 Muskatnuß
10 g Muskatblüte
2 Stangen Zitronengras, kleingeschnitten
2 Zitronenblätter, kleingehackt
40 g junge frische Ingwerwurzel, fein gehackt
3 Schalotten, kleingehackt
10 geschälte Knoblauchzehen, fein gehackt
1 TL Salz
1 EL Garnelenpaste
Mineralwasser zum Verdünnen

Die Chilischoten zusammen mit Koriander, Kreuzkümmel, Zimt, Muskat, Muskatblüte, Zitronengras und Zitronenblättern im Wok ohne Fettzugabe leicht rösten. Dann zusammen mit Ingwer, Schalotten, Knoblauch, Salz und Garnelenpaste im Mixer pürieren. Die Paste mit etwas Mineralwasser verrühren.

Thailändischer Duftreis

Für 4 Portionen
250 g (ca. 2 Tassen) thailändischer Duftreis (Siam Patna)
3 Tassen Wasser
1 Prise Salz

Den Reis gut waschen. Ihn mit dem Wasser und etwas Salz in einem Topf kurz aufkochen und dann zugedeckt bei kleinster Hitze etwa 20 Minuten quellen lassen. Zum Schluß den Reis mit einer Gabel auflockern.

Hinweise zu den Rezepten

- Die Gerichte sind stets für **4 Portionen** berechnet. Zusammen mit der obligatorischen Reisbeilage (ein Rezept dafür finden Sie auf dieser Seite links) ergeben sie eine sättigende Hauptmahlzeit. Ausnahmen sind die Vorspeisen und Suppen (Seite 24 bis 43).

- Die **Mengenangaben von Obst und Gemüse** beziehen sich immer auf die ungeputzte Rohware. Sie können die Zutaten daher ganz einfach nach den im Rezept angegebenen Mengen einkaufen.

- Einige der im Kapitel „Besondere Zutaten" (Seite 12 bis 19) aufgeführten **Zutaten** erhalten Sie am besten in Feinkostabteilungen großer Lebensmittelgeschäfte oder in Asienläden.

- Einige Zutaten in den Rezepten sind nicht immer erhältlich (z. B. Kalbszunge, Lammhaxen, Lammnieren, Kaninchenkeulen und verschiedene Fischsorten). Diese sollten Sie möglichst 1 Woche vor der Zubereitung des Gerichts beim zuständigen Fachgeschäft **vorbestellen.**

- Die bei jedem Rezept angegebene **Zubereitungszeit** beinhaltet sowohl die Vorbereitungszeit (waschen, putzen, schälen) als auch die Garzeit. In manchen Rezepten kommen noch spezielle Zeiten (wie z. B. die Quellzeit oder die Marinierzeit) hinzu. Diese Zeiten müssen Sie zu den Zubereitungszeiten hinzurechnen.

- **Alle Zeitangaben** können nur ungefähre Richtwerte sein. Je nach Erfahrung oder Geschicklichkeit der Köchin/des Kochs können gerade die Zeiten zum Putzen und Kleinschneiden erheblich differieren. Auch die Garzeiten sind immer abhängig vom verwendeten Wok.

Abkürzungsverzeichnis

TL = Teelöffel (gestrichen)
EL = Eßlöffel (gestrichen)
Msp. = Messerspitze
g = Gramm (1000 g = 1 kg)
kg = Kilogramm
ml = Milliliter (1000 ml = 1 l)
l = Liter
cm = Zentimeter
ø = Durchmesser
ca. = zirka

Suppen und Vorspeisen

Sie wecken die Vorfreude auf kommende Köstlichkeiten und lassen uns ahnen, wie vielfältig das Kochen mit dem Wok sein mag. Allen Speisen gemeinsam ist die wohlüberlegte Kombination von Lebensmitteln unserer Heimat mit asiatischen Zutaten. Für jeden Geschmack ist etwas dabei, denn hier finden sich sowohl leichte und mild gewürzte als auch deftige Gerichte.

Fenchelsuppe mit Pinienkernen

Zubereitungszeit: ca. 1/2 Stunde

Sie benötigen für 4 Portionen:

500 g Fenchelknollen mit Grün
10 g Gelbwurz
1 Zweig Koriander
ca. 6 EL Sesamöl
100 g Pinienkerne
1 l Hühnerbrühe
1 cl Pastis (französischer Anislikör)
1 Msp. Sambal Oelek
1 EL Austernsauce
Salz
weißen Pfeffer aus der Mühle

So wird's gemacht:

1. Die Fenchelknollen waschen, putzen und in feine Streifen schneiden. Das Fenchelgrün für die Garnitur aufheben. Den Gelbwurz schälen und fein hacken. Den Koriander waschen und die Blättchen von den Stielen zupfen.
2. Nun 1 Eßlöffel Öl im Wok erhitzen, ihn damit ausschwenken und das Öl wieder abgießen. Diesen Vorgang einmal wiederholen.
3. Dann etwas Öl im Wok erhitzen und den Fenchel, das Gelbwurz und die Pinienkerne darin kurz anbraten. Die Hühnerbrühe angießen und alles 8 bis 10 Minuten kochen lassen.
4. Den Koriander dazugeben und die Suppe mit Pastis, Sambal Oelek, Austernsauce, Salz und Pfeffer abschmecken. Mit dem abgezupften Fenchelgrün garnieren.

Sauerkrautsuppe mit Paprika

Zubereitungszeit: ca. 1/2 Stunde

Sie benötigen für 4 Portionen:

200 g Kasseler ohne Knochen
2 Schalotten
2 Knoblauchzehen
1 Chilischote
1 grüne Paprikaschote
200 g Sauerkraut
1 Zweig Zitronenmelisse
ca. 6 EL Erdnußöl
1 l Kalbsfond
2 Lorbeerblätter
Salz
weißen Pfeffer aus der Mühle
1 Prise Zucker

So wird's gemacht:

1. Das Fleisch in feine Streifen schneiden. Die Schalotten und die Knoblauchzehen schälen und beides fein hacken. Die Chilischote waschen, halbieren, entkernen und kleinschneiden. Die Paprikaschote waschen, putzen, halbieren, entkernen und in feine Würfel schneiden. Das Sauerkraut waschen, ausdrücken und grob hacken. Die Zitronenmelisse waschen.
2. Nun 1 Eßlöffel Öl im Wok erhitzen, ihn damit ausschwenken und das Öl wieder abgießen. Diesen Vorgang einmal wiederholen.
3. Dann etwas Öl im Wok erhitzen und das Fleisch, die Schalotten, die Chilischote und den Knoblauch darin kurz anbraten. Mit dem Kalbsfond ablöschen, die Lorbeerblätter dazugeben und alles bei geringer Hitze etwa 8 Minuten köcheln lassen.
4. Die Paprikawürfel und das Sauerkraut hinzufügen und alles nochmals 2 Minuten kochen. Die Suppe mit Salz, Pfeffer und Zucker abschmecken und mit der Zitronenmelisse garnieren.

Spinatsuppe mit Tofu

Zubereitungszeit: ca. 1/2 Stunde

Sie benötigen für 4 Portionen:

150 g frischen Blattspinat
1 Knoblauchzehe
100 g Hühnerbrust
100 g Tofu
1 Bund Schnittlauch
ca. 6 EL Sesamöl
3/4 l Hühnerbrühe
Salz
weißen Pfeffer aus der Mühle
1 Msp. geriebene Muskatnuß

So wird's gemacht:

1. Den Spinat putzen und die Stiele entfernen. Den Spinat waschen und in feine Streifen schneiden. Die Knoblauchzehe schälen und in feine Scheiben schneiden. Die Hühnerbrust waschen, trockentupfen und in feine Streifen schneiden. Den Tofu würfeln. Den Schnittlauch waschen und in feine Röllchen schneiden.
2. Nun 1 Eßlöffel Öl im Wok erhitzen, ihn damit ausschwenken und das Öl wieder abgießen. Diesen Vorgang einmal wiederholen.
3. Dann etwas Öl im Wok erhitzen und den Knoblauch, die Hühnerbrust und den Tofu darin etwa 1 Minute goldbraun braten. Die Hühnerbrühe angießen und alles bei geringer Hitze etwa 10 Minuten köcheln lassen.
4. Den Spinat in die Suppe geben und sie noch etwa 2 Minuten köcheln lassen. Dann mit Salz, Pfeffer und Muskat abschmecken und zum Schluß mit dem Schnittlauch bestreuen.

Gemüsesuppe mit Entenfleisch

Zubereitungszeit: ca. 40 Minuten

Sie benötigen für 4 Portionen:

4 kleine Entenkeulen à 110 g
1 Knoblauchzehe
1 große Zwiebel
2 Karotten
1 Fleischtomate
1 Frühlingszwiebel
80 g Brokkoli
1 Zweig Koriander
ca. 6 EL Erdnußöl
2 Zitronenblätter oder etwas abgeriebene Limettenschale
Salz
schwarzen Pfeffer aus der Mühle
1 TL Shrimpspaste

So wird's gemacht:

1. Die Entenkeulen waschen, die Haut und das Fett entfernen, die Knochen auslösen und das Fleisch quer zur Faser in feine Streifen schneiden. Die Knoblauchzehe und die Zwiebel schälen und beides in feine Würfel schneiden. Die Karotten schälen und in feine Scheiben schneiden.

2. Die Tomate über Kreuz einritzen, kurz überbrühen, abschrecken, enthäuten und die Stielansätze herausschneiden. Die Tomate halbieren, entkernen und in Würfel schneiden. Die Frühlingszwiebel putzen, waschen und in kleine Stücke schneiden.
Den Brokkoli in kleine Röschen zerteilen, sie putzen und waschen. Den Koriander waschen und die Blättchen anschließend von den Stielen zupfen.

3. Nun 1 Eßlöffel Öl im Wok erhitzen, ihn damit ausschwenken und das Öl wieder abgießen. Diesen Vorgang einmal wiederholen.

4. Dann etwas Öl im Wok erhitzen und das Entenfleisch, die Zwiebeln und den Knoblauch kurz darin anbraten. Die Zitronenblätter oder die Limettenschale hinzufügen, 1 l Wasser angießen, alles einmal aufkochen und dann etwa 10 Minuten köcheln lassen.

5. Das Gemüse und den Koriander dazugeben und etwa 1½ Minuten mitkochen.

6. Die Suppe mit Salz, Pfeffer und der Shrimpspaste abschmecken.

Gurkensuppe mit Kalbfleisch und Algen

Zubereitungszeit: ca. ½ Stunde

Sie benötigen für 4 Portionen:

250 g küchenfertiges Kalbfleisch aus der Schulter
Salz
weißen Pfeffer aus der Mühle
2 EL Speisestärke
1 große Salatgurke
2 Knoblauchzehen
100 g Zwiebeln
8 Blätter Borretsch
1 rote Chilischote
einige Borretschblüten
ca. 6 EL Erdnußöl
2 Lorbeerblätter
20 g getrocknete Wakamealgen
1 TL Shrimpspaste
2 cl Sherry
1 TL Sojasauce

So wird's gemacht:

1. Das Kalbfleisch waschen, trockentupfen und quer zur Faser in feine Streifen schneiden. Sie salzen, pfeffern und dann in der Speisestärke wenden.

2. Die Gurke waschen, schälen, der Länge nach halbieren, mit einem Löffel entkernen und in 1 cm große Stifte schneiden. Die Knoblauchzehe und die Zwiebeln schälen und beides fein hacken. Die Borretschblätter waschen und in feine Streifen schneiden. Die Chilischote waschen, halbieren, entkernen und kleinschneiden. Die Borretschblüten vorsichtig waschen und für die Garnitur beiseite legen.

3. Nun 1 Eßlöffel Öl im Wok erhitzen, ihn damit ausschwenken und das Öl wieder abgießen. Diesen Vorgang einmal wiederholen.

4. Dann etwas Öl im Wok erhitzen und das Fleisch darin in etwa 1 Minute goldbraun braten. Zwiebeln, Knoblauch, Chilischote und Lorbeerblätter hinzufügen und kurz mitbraten.

5. Dann 1 l Wasser angießen und alles etwa ¼ Stunde leicht köcheln lassen. Die Algen, die Gurke und den Borretsch hineinrühren und die Suppe mit Shrimpspaste, Sherry, Sojasauce, Salz und Pfeffer abschmecken.

6. Zum Schluß die Borretschblüten auf die Suppe legen.

星島日報
酒樓租約出售
位於WHETSTONE N. 20. 地點

Hühnersuppe mit Schwertmuscheln

Zubereitungszeit: ca. 35 Minuten

Sie benötigen für 4 Portionen:

4 kleine Junghuhn- oder
Poulardenkeulen à 100 g
300 g Schwertmuscheln
1 Frühlingszwiebel
1 Knoblauchzehe
1 grüne Chilischote
1 Stange Zitronengras
1 Karotte
50 g Zuckerschoten
1 Zweig Koriander
ca. 6 EL Erdnußöl
10 g getrocknete Wakamealgen
Salz
weißen Pfeffer aus der Mühle
1 TL Shrimpspaste

So wird's gemacht:

1. Die Geflügelkeulen waschen, die Haut und das Fett entfernen, die Knochen auslösen und das Fleisch in sehr kleine Würfel schneiden. Die Muscheln gründlich waschen; bereits geöffnete wegwerfen.
2. Die Frühlingszwiebel putzen, waschen und in 1 cm große Stücke schneiden. Die Knoblauchzehe schälen und in feine Scheiben schneiden. Die Chilischote waschen, halbieren und entkernen. Das Zitronengras waschen und in kleine Stücke schneiden.
3. Die Karotte schälen und in feine Scheiben schneiden. Die Zuckerschoten waschen und die Fäden abziehen. Den Koriander waschen und fein hacken.
4. Nun 1 Eßlöffel Öl im Wok erhitzen, ihn damit ausschwenken und das Öl wieder abgießen. Diesen Vorgang einmal wiederholen.
5. Dann etwas Öl im Wok erhitzen und den Knoblauch, die Chilischote und die Karotte darin etwa ½ Minute leicht anbraten.
6. Nun 1 l Wasser, das Geflügelfleisch und das Zitronengras hinzufügen, alles einmal aufkochen und dann 8 Minuten köcheln lassen.
7. Die Frühlingszwiebel, die Algen, die Zuckerschoten und den Koriander etwa 1 Minute mitkochen. Die Schwertmuscheln dazugeben und etwa 1½ Minuten mitkochen, bis sich die Muscheln geöffnet haben. Ungeöffnete herauslesen und wegwerfen. Das Muschelfleisch aus den Schalen herauslösen und in die Suppe geben.
8. Zuletzt die Suppe mit Salz, Pfeffer und der Shrimpspaste abschmecken.

Lammsuppe mit schwarzen Bohnen

Quellzeit: ca. 2 Stunden
Zubereitungszeit: ca. 70 Minuten

Sie benötigen für 4 Portionen:

250 g getrocknete schwarze Bohnen
Salz
3 Lammhaxen mit Knochen à 200 g
1 große Zwiebel, 3 Knoblauchzehen
1 grüne Chilischote
1 Fleischtomate
1 grüne Paprikaschote
1 Zweig Thymian
einige Oreganoblätter und -blüten
ca. ¼ l Erdnußöl
2 Lorbeerblätter
4 Zitronenblätter oder etwas abgeriebene Limettenschale
1 TL Shrimpspaste
1 TL Sojasauce
schwarzen Pfeffer aus der Mühle

So wird's gemacht:

1. Die Bohnen etwa 2 Stunden in kaltem Wasser quellen lassen. Sie anschließend in Salzwasser etwa 40 Minuten kochen und in einem Sieb abtropfen lassen.
2. Aus den Lammhaxen die Knochen herauslösen, Fett und Sehnen vom Fleisch entfernen und es in kleine Würfel schneiden. Die Knochen für die Suppe aufheben.
3. Die Zwiebel und die Knoblauchzehen schälen und beides in feine Scheiben schneiden. Die Chilischote waschen, halbieren, entkernen und in feine Streifen schneiden.
4. Die Tomate über Kreuz einritzen, kurz überbrühen, abschrecken, enthäuten und den Stielansatz herausschneiden. Dann die Tomate halbieren, entkernen und in kleine Würfel schneiden. Die Paprikaschote waschen, halbieren, entkernen und in Streifen schneiden. Den Thymian waschen und die Blätter abstreifen. Die Oreganoblätter und -blüten vorsichtig waschen.
5. Nun 1 Eßlöffel Öl im Wok erhitzen, ihn damit ausschwenken und das Öl wieder abgießen. Diesen Vorgang einmal wiederholen.
6. Dann etwas Öl im Wok erhitzen und darin das Lammfleisch zusammen mit den Zwiebeln, dem Knoblauch und der Chilischote in etwa 1 Minute goldbraun braten. Mit 1 l Wasser ablöschen. Bohnen, Lammknochen, Thymian, Lorbeerblätter und Zitronenblätter oder Limettenschale hinzufügen und alles bei geringer Hitze ½ Stunde kochen lassen. Anschließend die Knochen mit einem Schaumlöffel herausnehmen.
7. Die Tomatenwürfel und die Paprikastreifen in der Suppe kurz erwärmen und diese mit der Shrimpspaste und der Sojasauce sowie mit Salz und Pfeffer abschmecken. Die Suppe mit den Oreganoblättern und -blüten garnieren.

Porreesuppe mit Lammfleisch

Zubereitungszeit: ca. 40 Minuten

Sie benötigen für 4 Portionen:

350 g Lammfleisch aus der Hüfte
Salz
schwarzen Pfeffer aus der Mühle
2 EL Speisestärke
1 große Zwiebel
3 Knoblauchzehen
2 Stangen Porree
2 rote Chilischoten
1 Zweig Thymian
5 g Gelbwurz oder ½ TL Kurkumapulver
12 Pfefferminzblätter
ca. 6 EL Erdnußöl
4 Lorbeerblätter

So wird's gemacht:

1. Das Lammfleisch quer zur Faser in feine Streifen schneiden, salzen, pfeffern und in der Speisestärke wenden. Die Zwiebel und die Knoblauchzehen schälen und beides in kleine Würfel schneiden. Den Porree putzen, waschen und in 1 cm große Ringe schneiden.

2. Die Chilischoten waschen, halbieren und entkernen. Den Thymian waschen und die Blätter von den Stielen zupfen. Den Gelbwurz schälen und in feine Scheiben schneiden. Die Pfefferminzblätter waschen.

3. Nun 1 Eßlöffel Öl im Wok erhitzen, ihn damit ausschwenken und das Öl wieder abgießen. Diesen Vorgang einmal wiederholen.

4. Dann etwas Öl im Wok erhitzen und das Fleisch darin in etwa 1 Minute goldbraun braten. Zwiebeln, Knoblauch, Lorbeerblätter, Chilischoten, Thymian und Gelbwurz oder Kurkumapulver hinzufügen und alles etwa ½ Minute mitbraten.

5. Dann 1¼ l Wasser angießen und alles etwa 10 Minuten leicht köcheln lassen. Den Porree dazugeben, etwa 1½ Minuten mitkochen und die Suppe mit Pfeffer und Salz abschmecken.

6. Zum Schluß die Pfefferminzblätter auf die Suppe streuen.

Tomatensuppe mit Rindfleisch

Zubereitungszeit: ca. 35 Minuten

Sie benötigen für 4 Portionen:

250 g küchenfertiges falsches Rinderfilet oder küchenfertige Rinderhüfte
500 g Fleischtomaten
2 Knoblauchzehen
1 Stange Porree
1 grüne Chilischote
12 Blätter Basilikum
4 Zitronenblätter oder ½ Stange Zitronengras
ca. 6 EL Erdnußöl
1 TL Shrimpspaste
2 cl Reiswein
Salz
weißen Pfeffer aus der Mühle

So wird's gemacht:

1. Das Fleisch waschen, trockentupfen und in kleine Würfel schneiden.
2. Die Tomaten über Kreuz einritzen, kurz überbrühen, abschrecken, enthäuten und die Stielansätze herausschneiden. Dann die Tomaten halbieren. Die Knoblauchzehen schälen und in feine Scheiben schneiden. Den Porree putzen, waschen und in 1 cm große Ringe schneiden.
3. Die Chilischote waschen, halbieren, entkernen und in feine Streifen schneiden. Das Basilikum waschen. Die Zitronenblätter oder das Zitronengras waschen. Das Zitronengras kleinschneiden.
4. Nun 1 Eßlöffel Öl im Wok erhitzen, ihn damit ausschwenken und das Öl wieder abgießen. Diesen Vorgang einmal wiederholen.
5. Dann etwas Öl im Wok erhitzen und die Fleischwürfel darin in etwa 1 Minute goldbraun braten. Die Tomaten, die Chilischote, den Knoblauch und die Zitronenblätter oder das Zitronengras hineinrühren.
6. Dann 1 l Wasser angießen und alles etwa ¼ Stunde leicht köcheln lassen. Den Porree hinzufügen, etwa 1 Minute mitkochen und die Suppe mit Shrimpspaste, Reiswein, Salz und Pfeffer abschmecken.
7. Zum Schluß die Basilikumblätter auf die Suppe streuen.

Hühnersuppe mit Kokosnuß und Litschis

Zubereitungszeit: ca. ½ Stunde

Sie benötigen für 4 Portionen:

300 g Hühnerbrust
Salz
1 EL Speisestärke
1 grüne Chilischote
12 Litschis
4 frische, unbehandelte Lilienblüten
12 Blätter Zitronenmelisse
ca. 6 EL Erdnußöl
1 l Kokosmilch oder ¼ l Kokossahne (siehe Seite 16) mit ¾ l Wasser verdünnt
2 Zitronenblätter oder etwas abgeriebene Limettenschale
1 Msp. geriebene Muskatnuß
1 EL getrocknete Lilienblüten

So wird's gemacht:

1. Die Hühnerbrust waschen, trokkentupfen und quer zur Faser in feine Streifen schneiden. Diese salzen und in der Speisestärke wenden.
2. Die Chilischote waschen, halbieren, entkernen und kleinschneiden. Die Litschis schälen, halbieren und entkernen. Die frischen Lilienblüten und die Zitronenmelisseblätter vorsichtig waschen.
3. Nun 1 Eßlöffel Öl im Wok erhitzen, ihn damit ausschwenken und das Öl wieder abgießen. Diesen Vorgang einmal wiederholen.
4. Dann etwas Öl im Wok erhitzen und die Hühnerbrust sowie die Chilischote darin etwa 15 Sekunden leicht anbraten. Die Kokosmilch oder die verdünnte Kokossahne angießen und aufkochen lassen.
5. Die Zitronenblätter oder die Limettenschale und die getrockneten Lilienblüten dazugeben und etwa 5 Minuten ziehen lassen.
6. Die Litschis in der Suppe erwärmen, diese mit Muskat, Salz und Zitronensaft abschmecken und mit den frischen Lilienblüten und der Zitronenmelisse garnieren.

Hummerkrabbensuppe mit Sauerampfer

Zubereitungszeit: ca. 35 Minuten

Sie benötigen für 4 Portionen:

200 g ausgelöste Hummerkrabben
Salz
weißen Pfeffer aus der Mühle
2 EL Speisestärke
2 Karotten
100 g Zwiebeln
1 Knoblauchzehe
150 g Sauerampfer
ca. 6 EL Erdnußöl
¾ l Hühnerbrühe
1 EL Shrimpspaste

So wird's gemacht:

1. Die Hummerkrabben waschen, der Länge nach bis zum Schwanz aufschneiden und die schwarzen Darmfäden entfernen. Die Krabben trockentupfen, in Stücke schneiden, salzen, pfeffern und in der Speisestärke vorsichtig wenden.
2. Die Karotten, die Zwiebeln und die Knoblauchzehe schälen und alles in feine Streifen schneiden. Den Sauerampfer putzen, waschen und ebenfalls in feine Streifen schneiden.
3. Nun 1 Eßlöffel Öl im Wok erhitzen, ihn damit ausschwenken und das Öl wieder abgießen. Diesen Vorgang einmal wiederholen.
4. Dann etwas Öl im Wok erhitzen und die Krabben etwa 20 Sekunden darin anbraten. Sie anschließend herausnehmen und beiseite legen.
5. Die Karotten, die Zwiebeln und den Knoblauch in den Wok geben und kurz anbraten. Die Hühnerbrühe angießen und alles bei geringer Hitze etwa 3 Minuten köcheln lassen.
6. Den Sauerampfer und die Krabben in der Suppe kurz erwärmen und diese mit der Shrimpspaste, Salz und Pfeffer abschmecken. Die Suppe sofort servieren.

Gulaschsuppe mit schwarzen Pilzen

Zubereitungszeit: ca. 35 Minuten

Sie benötigen für 4 Portionen:

300 g küchenfertiges falsches Rinderfilet oder küchenfertige Rinderhüfte
Salz
schwarzen Pfeffer aus der Mühle
2 EL Speisestärke
200 g Zwiebeln
2 Knoblauchzehen
2 rote Chilischoten
2 Fleischtomaten
1 Stange Zitronengras
1 Zweig Koriander
50 g getrocknete Mu-err- oder Wolkenohrpilze
100 g Bambussprossen (frisch oder aus der Dose)
ca. 6 EL Erdnußöl
2 Lorbeerblätter
1/4 l Rotwein
1 TL Sojasauce
2 cl Madeira

So wird's gemacht:

1. Das Fleisch waschen, trockentupfen und in feine Streifen schneiden. Sie salzen, pfeffern und in der Speisestärke wenden.

2. Die Zwiebeln und die Knoblauchzehen schälen und in feine Streifen schneiden. Die Chilischoten waschen, halbieren, entkernen und kleinschneiden. Die Tomaten über Kreuz einritzen, kurz überbrühen, abschrecken, enthäuten und die Stielansätze herausschneiden. Dann die Tomaten halbieren, entkernen und in kleine Würfel schneiden.

3. Das Zitronengras waschen und in kleine Stücke schneiden. Den Koriander waschen und die Blätter von den Stielen zupfen. Die Mu-err-Pilze etwa 10 Minuten in etwas lauwarmem Wasser einweichen. Sie anschließend herausnehmen, abtropfen lassen und die Stiele abschneiden. Die frischen Bambussprossen waschen, von der Außenhaut befreien und in 1 cm große Stücke schneiden. Die Dosenware nur abtropfen lassen und kleinschneiden.

4. Nun 1 Eßlöffel Öl im Wok erhitzen, ihn damit ausschwenken und das Öl wieder abgießen. Diesen Vorgang einmal wiederholen.

5. Dann etwas Öl im Wok erhitzen und das Fleisch darin in etwa 2 Minuten goldbraun braten. Die Zwiebeln, den Knoblauch und die Chilischoten dazugeben und 1/2 Minute mitbraten.

6. Die Pilze, das Zitronengras und die Lorbeerblätter hinzufügen, den Rotwein und einen 3/4 l Wasser angießen und alles etwa 1/4 Stunde kochen lassen.

7. Die Tomatenwürfel, die Bambussprossen und den Koriander hineinrühren und die Suppe mit der Sojasauce, dem Madeira sowie Salz und Pfeffer abschmecken.

Gebratener Spargel mit Brunnenkresse

Zubereitungszeit: ca. ½ Stunde

Sie benötigen für 4 Portionen:

800 g Spargel
250 g Brunnenkresse
¼ l süße Sahne
4 EL Walnußöl
Saft von ½ Zitrone
Salz
weißen Pfeffer aus der Mühle
12 Wachteleier
ca. 2 EL Butterschmalz

So wird's gemacht:

1. Den Spargel waschen, von oben nach unten schälen, die holzigen Endstücke abschneiden und wegwerfen. Die Köpfe abschneiden und halbieren. Die Stangen der Länge nach vierteln und in 3 cm lange Stücke schneiden. Die Brunnenkresse waschen und einige Blätter für die Garnitur aufheben. Die restlichen fein hacken.
2. Die Sahne in einem Topf mit 2 Eßlöffeln Öl erhitzen, die gehackte Kresse dazugeben, alles mit einem Pürierstab pürieren und mit dem Zitronensaft, Salz und Pfeffer abschmecken.
3. Die Wachteleier in etwa 1½ Minuten wachsweich kochen, abschrekken, schälen und halbieren.
4. Nun 1 Eßlöffel Öl im Wok erhitzen, ihn damit ausschwenken und das Öl wieder abgießen. Diesen Vorgang einmal wiederholen.
5. Dann das Butterschmalz im Wok erhitzen und den Spargel darin bei milder Hitze etwa 2 Minuten braten. Ihn anschließend herausnehmen und auf einer tiefen Platte anrichten.
6. Die Kressesauce kurz im Wok erwärmen und über den Spargel gießen. Das Gericht mit den Kresseblättern und den Wachteleiern garnieren.

Grüner Spargel mit Kokossauce

Zubereitungszeit: ca. 20 Minuten

Sie benötigen für 4 Portionen:

800 g grünen Spargel
12 Wachteleier
1 Zweig Kerbel
2 EL Öl
ca. 2 EL Butterschmalz
250 g Kokossahne (siehe Seite 16)
½ TL rote Currypaste
Salz
weißen Pfeffer aus der Mühle

So wird's gemacht:

1. Den Spargel waschen, von oben nach unten schälen, die holzigen Endstücke entfernen und wegwerfen. Die Köpfe abschneiden und halbieren. Die Stangen in 3 cm lange Stücke schneiden.
2. Die Wachteleier in etwa 1½ Minuten wachsweich kochen, abschrekken, schälen und halbieren. Den Kerbel waschen und die Blättchen abzupfen.
3. Nun 1 Eßlöffel Öl im Wok erhitzen, ihn damit ausschwenken und das Öl wieder abgießen. Diesen Vorgang einmal wiederholen.
4. Dann das Butterschmalz im Wok erhitzen und den Spargel darin etwa 40 Sekunden braten. Die Kokossahne angießen und etwa 2 Minuten einreduzieren lassen.
5. Das Gericht mit der Currypaste, Salz und Pfeffer abschmecken und mit den Wachteleiern und dem Kerbel garnieren.

Gebratener Spargel mit Wachteleiern

Zubereitungszeit: ca. 35 Minuten

Sie benötigen für 4 Portionen:

1 kg Spargel
12 Wachteleier
20 Kirschtomaten
1 Bund glatte Petersilie
ca. 6 EL Traubenkernöl
½ TL Zucker
30 g Pistazienkerne
Salz
weißen Pfeffer aus der Mühle
geriebene Muskatnuß
1 TL Balsamessig (Aceto balsamico)

So wird's gemacht:

1. Den Spargel waschen, von oben nach unten schälen, die holzigen Endstücke entfernen und wegwerfen. Die Köpfe abschneiden und halbieren.
2. Die Wachteleier in etwa 1½ Minuten wachsweich kochen, abschrekken, schälen und halbieren. Die Kirschtomaten waschen und halbieren. Die Petersilie waschen und grob hacken.
3. Nun 1 Eßlöffel Öl im Wok erhitzen, ihn damit ausschwenken und das Öl wieder abgießen. Diesen Vorgang einmal wiederholen.
4. Dann etwas Öl im Wok erhitzen und den Spargel darin etwa 2½ Minuten unter ständigem Rühren braten. Den Zucker hineinstreuen und den Spargel darin glasieren.
5. Die Pistazienkerne und die Petersilie dazugeben, einmal umrühren und beides kurz mitbraten. Das Gericht mit Salz, Pfeffer, Muskat und Essig abschmecken und mit den Wachteleiern und den Kirschtomaten garnieren.

Hähnchenbrustspießchen mit Sojabohnensauce

Marinierzeit: ca. 2 Stunden
Zubereitungszeit: ca. 1 Stunde

Sie benötigen für 4 Portionen:

Für die Marinade:

12 Blätter Koriander
2 Zitronenblätter oder etwas abgeriebene Limettenschale
4 rote Chilischoten
15 g frische Ingwerwurzel
50 g Schalotten
1 Stange Zitronengras
200 g Kokossahne (siehe Seite 16)
1 TL Honig
1 TL Sojasauce
1 TL Fischsauce
1 TL Korianderkörner

Für die Spießchen:

400 g Hähnchenbrustfilets
150 g schmale, hauchdünne Speckscheiben
ca. 8 EL Sesamöl

Für die Sojabohnensauce:

50 g getrocknete Sojabohnen
2 Knoblauchzehen
5 g frische Ingwerwurzel
2 rote Chilischoten
1 EL Sojasauce
2 EL Weißweinessig
1 EL Zucker
Salz

So wird's gemacht:

1. Den Koriander und die Zitronenblätter waschen und beides fein hacken. Die Chilischoten waschen, halbieren und entkernen. Den Ingwer und die Schalotten schälen und beides grob würfeln. Das Zitronengras waschen und in kleine Stücke schneiden.

2. Die vorbereiteten Zutaten zusammen mit Kokossahne, Honig, Soja- und Fischsauce sowie Korianderkörnern im Mixer fein pürieren und in eine Schale geben.

3. Die Hähnchenbrust quer zur Faser in 3 cm lange und 1 cm breite Streifen schneiden, mit den Speckscheiben umwickeln und auf Spieße stecken. Diese etwa 2 Stunden in der Marinade ziehen lassen.

4. Für die Sauce die Sojabohnen etwa 1 Stunde in kaltem Wasser quellen lassen und dann abschütten. Die Bohnen in ½ l Wasser etwa 40 Minuten weich kochen, dann abschütten und das Kochwasser dabei auffangen.

5. Die Knoblauchzehen und den Ingwer schälen und grob würfeln. Die Chilischote waschen, halbieren und entkernen.

6. Die Bohnen zusammen mit Knoblauch, Ingwer, Chilischote, Sojasauce, Essig, Zucker und Salz sowie mit ¼ l Bohnenkochwasser im Mixer zu einer glatten Sauce pürieren. Sie in ein Schälchen füllen.

7. Die Spießchen aus der Marinade nehmen und abtropfen lassen.

8. Nun 1 Eßlöffel Öl im Wok erhitzen, ihn damit ausschwenken und das Öl wieder abgießen. Diesen Vorgang einmal wiederholen.

9. Dann noch etwas Öl im Wok erhitzen und nun die Spießchen darin in etwa 1½ Minuten braun braten. Die Spießchen mit der Sojabohnensauce servieren.

Hähnchenbrust mit Ingwer und Champignons

Zubereitungszeit: ca. 40 Minuten

Sie benötigen für 4 Portionen:

250 g Hähnchenbrustfilet
1 TL thailändisches Geflügelgewürz
Mehl zum Wenden
50 g roten Thai-Ingwer
6 gelbe Chilischoten
50 g Schalotten
5 g Gelbwurz oder ½ TL Kurkumapulver
100 g braune Champignons
1 Knoblauchzehe
4 Blätter Eisbergsalat
1 Zweig Koriander
ca. ⅛ l Erdnußöl
25 g Cashewkerne
½ EL Honig
1 EL Reismehl oder Kartoffelstärke
70 ml Reiswein
1 TL Sojasauce
Saft von ½ Limette
Salz
weißen Pfeffer aus der Mühle

So wird's gemacht:

1. Die Hähnchenbrust quer zur Faser in feine Streifen schneiden, mit dem Geflügelgewürz bestreuen und im Mehl leicht wenden.

2. Den Ingwer schälen und in feine Streifen schneiden. Die Chilischoten waschen und die Stielansätze herausschneiden. Die Schalotten schälen, halbieren und in feine Streifen schneiden. Das Gelbwurz schälen und in feine Würfel schneiden.

3. Die Champignons putzen, waschen und vierteln. Die Knoblauchzehe schälen und in feine Scheiben schneiden. Die Salatblätter waschen und abtropfen lassen. Den Koriander waschen und die Blätter von den Stielen zupfen.

4. Nun 1 Eßlöffel Öl im Wok erhitzen, ihn damit ausschwenken und das Öl wieder abgießen. Diesen Vorgang einmal wiederholen.

5. Dann nochmals etwas Öl im Wok erhitzen und nun die Hähnchenbruststreifen darin in etwa 1 Minute goldbraun braten. Sie anschließend herausnehmen und beiseite legen. Das Öl abgießen.

6. Wieder etwas Öl im Wok erhitzen und Schalotten, Knoblauch, Ingwer und Cashewkerne darin etwa ½ Minute braten. Den Honig dazugeben und das Gemüse damit glasieren. Alles mit dem Mehl oder der Stärke bestäuben, mit dem Reiswein ablöschen und kurz einreduzieren lassen.

7. Die Champignons, den Gelbwurz oder das Kurkumapulver und die Chilischoten dazugeben und etwa 1 Minute mitkochen lassen. Das Hähnchenfleisch in der Sauce kurz erhitzen. Alles mit Sojasauce, etwas Limettensaft, Salz und Pfeffer abschmecken, herausnehmen und warm stellen.

8. Den Wok säubern. Dann 1 Eßlöffel Öl darin erhitzen, den Wok damit ausschwenken und das Öl abgießen. Diesen Vorgang einmal wiederholen.

9. Nun nochmals etwas Öl im Wok erhitzen, die Salatblätter kurz darin anbraten und mit Salz und dem restlichen Limettensaft abschmecken.

10. Die Salatblätter auf einer Platte anrichten, die Fleisch-Gemüse-Mischung darauf verteilen und alles mit den Korianderblättern garnieren.

Hähnchenherzen mit Paprika

Zubereitungszeit: ca. 40 Minuten

Sie benötigen für 4 Portionen:

400 g Hähnchenherzen
Saft von 1 Zitrone
Salz
schwarzen Pfeffer aus der Mühle
2 EL Speisestärke
250 g rote und grüne Paprikaschoten
200 g Zwiebeln
1 Bund Basilikum
ca. 6 EL Erdnußöl
1/8 l Tomatensaft
2 EL Tomatenketchup
1 EL Sojasauce
1 TL Sambal Manis

So wird's gemacht:

1. Die Hähnchenherzen waschen, trockentupfen und Häute und Äderchen entfernen. Die Herzen mit dem Zitronensaft beträufeln, sie salzen, pfeffern und in der Stärke wenden.
2. Die Paprikaschoten waschen, halbieren, entkernen und in feine Streifen schneiden. Die Zwiebeln schälen und in feine Ringe schneiden. Das Basilikum waschen und die Blätter von den Stielen zupfen. Zwölf Blätter für die Garnitur beiseite legen, die restlichen in feine Streifen schneiden.
3. Nun 1 Eßlöffel Öl im Wok erhitzen, ihn damit ausschwenken und das Öl wieder abgießen. Diesen Vorgang einmal wiederholen.
4. Dann etwas Öl im Wok erhitzen und die Hähnchenherzen darin in 2 Minuten goldbraun braten. Die Zwiebel und die Paprikastreifen dazugeben und beides etwa 1/2 Minute mitbraten. Das Ganze mit dem Tomatensaft ablöschen. Das Ketchup hinzufügen und alles etwas einreduzieren lassen.
5. Das geschnittene Basilikum darunterrühren und das Gericht mit Sojasauce, Sambal Manis, Salz und Pfeffer abschmecken. Mit den Basilikumblättern garniert servieren.

Putenherzen mit Ananas

Zubereitungszeit: ca. 35 Minuten

Sie benötigen für 4 Portionen:

400 g Putenherzen
Salz
weißen Pfeffer aus der Mühle
2 EL Speisestärke
1 frische Ananas oder 300 g ungesüßte Ananasstücke aus der Dose
2 Frühlingszwiebeln
ca. 1/8 l Erdnußöl
80 g Mandelstifte
1 TL Honig
2 EL Tomatenketchup
Saft von 1 Zitrone
1 EL Sojasauce
1 EL asiatische Pilzsauce
1 TL indischen Curry
einige Blätter Koriander

So wird's gemacht:

1. Die Putenherzen waschen, trockentupfen und Häute und Äderchen entfernen. Die Herzen in feine Scheiben schneiden, sie salzen, pfeffern und in der Speisestärke leicht wenden.
2. Von der Ananas den Schopf abschneiden, die Frucht sorgfältig schälen und vierteln. Den Strunk herausschneiden und das Fruchtfleisch in 1 cm große Würfel schneiden. Die Dosenananas nur abtropfen lassen. Die Frühlingszwiebeln putzen, waschen und in 2 cm große Stücke schneiden.
3. Nun 1 Eßlöffel Öl im Wok erhitzen, ihn damit ausschwenken und das Öl wieder abgießen. Diesen Vorgang einmal wiederholen.

4. Dann etwas Öl im Wok erhitzen und die Putenherzen darin in etwa 1½ Minuten knusprig braten. Anschließend herausnehmen und beiseite legen.

5. Noch etwas Öl in den Wok geben, es erhitzen und die Ananasstücke darin in 20 Sekunden goldbraun braten. Die Frühlingszwiebeln und die Mandelstifte hinzufügen und bei kleiner Hitze etwa ½ Minute mitbraten. Den Honig, das Ketchup und den Zitronensaft hineinrühren.

6. Die Putenherzen wieder in den Wok geben und kurz darin erhitzen. Das Gericht mit Soja- und Pilzsauce sowie mit Curry, Salz und Pfeffer abschmecken und mit den gewaschenen Korianderblättchen garnieren.

Gebratene Putenherzen in Ingwersauce

Zubereitungszeit: ca. 50 Minuten

Sie benötigen für 4 Portionen:

400 g Putenherzen
1 EL Sojasauce
2 EL Reisschnaps
1 TL Sambal Manis
Salz
2 EL Reismehl oder Kartoffelstärke
2 ungesüßte Ananasscheiben aus der Dose
100 g Litschis
2–3 Schalotten
15 g junge Ingwerwurzel
15 Blätter Koriander
ca. 6 EL Erdnußöl
⅛ l Orangensaft
2 EL Honig
Saft von 1 Limette
schwarzen Pfeffer aus der Mühle

So wird's gemacht:

1. Die Putenherzen waschen, trokkentupfen und Häute und Äderchen entfernen. Die Herzen in feine Scheiben schneiden. Aus Sojasauce, Reisschnaps, Sambal Manis und Salz eine Marinade anrühren. Das Fleisch damit einstreichen, mit dem Mehl oder der Stärke bestäuben und etwa 10 Minuten ruhen lassen.

2. Inzwischen die Ananasscheiben abtropfen lassen und in kleine Würfel schneiden. Die Litschis schälen, entkernen und halbieren. Die Schalotten schälen und fein hacken. Den Ingwer schälen und in feine Scheiben schneiden. Den Koriander waschen.

3. Nun 1 Eßlöffel Öl im Wok erhitzen, ihn damit ausschwenken und das Öl wieder abgießen. Diesen Vorgang einmal wiederholen.

4. Dann etwas Öl im Wok erhitzen und die Putenherzen darin unter ständigem Rühren in etwa 1½ Minuten braun braten. Anschließend herausnehmen und beiseite legen.

5. Die Ingwerscheiben und die Schalotten etwa 20 Sekunden im Wok anbraten und mit dem Orangensaft und dem Honig ablöschen.

6. Die Sauce einköcheln lassen, bis sie dickflüssig geworden ist. Dann die Ananasstücke dazugeben und die Sauce mit dem Limettensaft abschmecken.

7. Die Sauce etwa 1 Minute ziehen lassen. Dann die Litschis, die Putenherzen und die Korianderblätter hinzufügen, alles kurz aufkochen lassen und mit Pfeffer und Salz abschmecken.

Austern im Reisblatt

Zubereitungszeit: ca. 40 Minuten

Sie benötigen für 4 Portionen:

8 mittelgroße Reisblätter
24 frische Felsenaustern
100 g Schalotten
80 g gekochten Schinken
2 Fleischtomaten
1 Bund Schnittlauch
1 Bund glatte Petersilie
ca. 1/8 l Erdnußöl
2 EL Weißwein
1 EL Speisestärke
1 TL Austernsauce
1 TL Fischsauce
1 TL Shrimpspaste
schwarzen Pfeffer aus der Mühle

So wird's gemacht:

1. Die Reisblätter nacheinander jeweils etwa 1/2 Minute in kaltem Wasser weichen lassen, sie dann nebeneinander auf Küchenkrepp legen und abtropfen lassen.

2. Die Austern unter fließendem Wasser abwaschen. Dann einzeln mit einem Küchentuch in die Hand nehmen und das Scharnier der Muscheln mit einem Messer durchtrennen. Dazu mit dem Messer vorsichtig an der oberen Schale entlangfahren und so den Deckel langsam abheben. Das Austernfleisch aus den Schalen lösen. Dabei das Austernwasser auffangen.

3. Die Schalotten schälen und fein hacken. Den Schinken kleinwürfeln. Die Tomaten über Kreuz einritzen, kurz überbrühen, abschrecken, enthäuten und die Stielansätze herausschneiden. Dann die Tomaten halbieren, entkernen und in feine Würfel schneiden. Den Schnittlauch waschen und in feine Röllchen schneiden. Die Petersilie waschen und dann fein hacken.

4. Nun 1 Eßlöffel Öl im Wok erhitzen, ihn damit ausschwenken und das Öl wieder abgießen. Diesen Vorgang einmal wiederholen.

5. Dann etwas Öl im Wok erhitzen und die Schalotten und die Tomaten darin etwa 1/2 Minute braten. Das Austernfleisch dazugeben und mitbraten, bis es fest wird.

6. Die Petersilie und den Schnittlauch hinzufügen. Den Weißwein mit dem Austernwasser mischen, die Speisestärke darin anrühren, in den Wok geben und alles kurz aufkochen lassen.

7. Das Ganze mit der Austern- und der Fischsauce, der Shrimpspaste und etwas Pfeffer abschmecken. Anschließend alles aus dem Wok nehmen und abkühlen lassen.

8. Den Wok säubern, ihn noch einmal mit 1 Eßlöffel Öl ausschwenken und das Öl wieder abgießen.

9. Die erkaltete Austernmasse zusammen mit den Schinkenwürfeln auf die Reisblätter geben, die Blätter seitlich über der Füllung zusammenschlagen und nicht zu fest zusammenrollen. Darauf achten, daß nichts herausquellen kann. Die Ränder gut andrücken.

10. Noch einmal etwas Öl im Wok erhitzen und die Reisrollen darin etwa 1 Minute von allen Seiten braten, bis sie goldbraun und knusprig sind.

Lachsfilet im Reisblatt

Zubereitungszeit: ca. 40 Minuten

Sie benötigen für 4 Portionen:

250 g Lachsfilet
1 EL Sojasauce
Salz
weißen Pfeffer aus der Mühle
1 EL geriebenen Meerrettich
4 Zitronenblätter
4 Reisblätter
4 große Blätter Eisbergsalat
2 Schalotten
1 Bund Schnittlauch
2 Fleischtomaten
200 g gemischtes Sprossengemüse (frisch oder aus dem Glas)
ca. 6 EL Erdnußöl
40 g Butter
1 TL Weißweinessig

So wird's gemacht:

1. Das Lachsfilet waschen, trockentupfen, in vier gleich große Stücke schneiden und mit der Sojasauce, Salz und Pfeffer würzen. Dann mit dem Meerrettich bestreichen, jeweils mit einem Zitronenblatt belegen und etwa 10 Minuten ruhen lassen.

2. Die Reisblätter nacheinander jeweils etwa ½ Minute in kaltem Wasser weichen lassen. Sie dann nebeneinander auf Küchenkrepp legen und etwas trocknen lassen.

3. Die Salatblätter waschen, abtropfen lassen und in kochendem Wasser etwa 15 Sekunden blanchieren. Dann abschrecken und mit Küchenkrepp trockentupfen.

4. Die Lachsstückchen zunächst in die Salatblätter und dann in die Reisblätter einwickeln. Die Päckchen eventuell mit Schnittlauch zubinden.

5. Die Schalotten schälen und fein würfeln. Den Schnittlauch waschen und in feine Röllchen schneiden. Die Tomaten waschen, über Kreuz einritzen, kurz überbrühen, abschrecken, enthäuten und die Stielansätze entfernen. Dann die Tomaten halbieren, entkernen und in kleine Würfel schneiden. Das frische Sprossengemüse waschen und gut abtropfen lassen; das Dosengemüse nur abtropfen lassen.

6. Nun 1 Eßlöffel Öl im Wok erhitzen, ihn damit ausschwenken und das Öl wieder abgießen. Diesen Vorgang einmal wiederholen.

7. Dann etwas Öl im Wok erhitzen und die Lachspäckchen darin von allen Seiten in 3 bis 4 Minuten braun braten. Sie anschließend vorsichtig herausnehmen und warm stellen. Das Öl abgießen.

8. Nun die Butter vorsichtig im Wok erhitzen und die Schalotten darin kurz andünsten. Die Tomatenwürfel und das Sprossengemüse dazugeben und etwa 1½ Minuten mitdünsten. Alles mit Salz, Pfeffer und dem Essig abschmecken und die Schnittlauchröllchen hineinstreuen.

9. Die Lachspäckchen halbieren und auf dem Gemüse anrichten.

Meeresschnecken mit blauen Kartoffeln

Zubereitungszeit: ca. 3/4 Stunden

Sie benötigen für 4 Portionen:

1 kg Meeresschnecken (Bulot)
4 Lorbeerblätter, Salz
500 g kleine blaue Kartoffeln
(Truffe de chine)
1 Zwiebel
2 Knoblauchzehen
1 grüne Paprikaschote
2 Chilischoten
2 Frühlingszwiebeln
1 Zweig Koriander
200 g Kokossahne (siehe Seite 16)
1 EL Fischsauce
1 TL rote Currypaste
ca. 6 EL Erdnußöl
weißen Pfeffer aus der Mühle

So wird's gemacht:

1. Die Schnecken gut waschen und zusammen mit den Lorbeerblättern etwa 20 Minuten in Salzwasser kochen. Sie anschließend herausnehmen und abkühlen lassen. Das Fleisch mit einer Nadel aus den Häusern herausziehen und in Scheiben schneiden. Das Schneckenwasser durch ein feines Sieb passieren.

2. Die Kartoffeln waschen, schälen und im Schneckenwasser etwa 8 Minuten kochen. Anschließend abkühlen lassen und in mittelgroße Würfel schneiden.

3. Die Zwiebel und die Knoblauchzehen schälen und fein hacken. Die Paprika- und die Chilischoten waschen, halbieren, entkernen und in feine Würfel schneiden. Die Frühlingszwiebeln putzen, waschen und in Ringe schneiden.

4. Den Koriander waschen und einige Blätter für die Garnitur aufheben. Die Kokossahne mit der Fischsauce und der Currypaste verrühren.

5. Nun 1 Eßlöffel Öl im Wok erhitzen, ihn damit ausschwenken und das Öl wieder abgießen. Diesen Vorgang einmal wiederholen.

6. Dann nochmals etwas Öl im Wok erhitzen und nun Zwiebel, Knoblauch sowie Paprika- und Chiliwürfel darin kurz anbraten. Die Kartoffeln dazugeben und kurz mitbraten.

7. Das Schneckenfleisch, die Frühlingszwiebeln und den Koriander hinzufügen, die Kokossahne angießen und alles etwa 3 Minuten kochen lassen.

8. Das Gericht mit Salz und Pfeffer abschmecken und mit den restlichen Korianderblättern garnieren.

Maiwirsing in Käsesahne

Zubereitungszeit: ca. 20 Minuten

Sie benötigen für 4 Portionen:

100 g mageren Speck
600 g Maiwirsing
100 g Schalotten
¼ l süße Sahne
80 g geriebenen Emmentaler
Salz
weißen Pfeffer aus der Mühle
geriebene Muskatnuß
1 Zweig Kerbel
2 EL Öl
80 g Butter

So wird's gemacht:

1. Den Speck in feine Streifen schneiden. Den Wirsing putzen und den harten Strunk herausschneiden. Den Kohl vierteln, in feine Streifen schneiden, waschen und gut abtropfen lassen.

2. Die Schalotten schälen und fein würfeln. Die Sahne mit dem Emmentaler verrühren und mit Salz, Pfeffer und Muskat würzen. Den Kerbel waschen und fein hacken.

3. Nun 1 Eßlöffel Öl im Wok erhitzen, ihn damit ausschwenken und das Öl wieder abgießen. Diesen Vorgang einmal wiederholen.

4. Den Speck in den Wok geben und kurz braten. Ihn anschließend herausnehmen und beiseite legen. Die Butter im Wok erhitzen und die Schalotten darin etwa 20 Sekunden braten. Den Wirsing hinzufügen und etwa 1½ Minuten unter ständigem Rühren braten.

5. Die Käsesahne angießen und den Wirsing etwa 3 Minuten ziehen lassen. Das Gericht zum Schluß mit den Speckstreifen und dem Kerbel garnieren.

Gerichte mit Fleisch

Ob Kalb, Rind, Schwein oder Lamm, aus jeder Fleischsorte lassen sich auf vielfältige Weise mit immer anderen Zutaten stets neue Gerichte zaubern. In feine Streifen oder in dünne Scheiben geschnitten wird das Fleisch beim Braten im Wok außen knusprig und bleibt dennoch innen saftig und zart.

Kalbsfilet mit schwarzen Walnüssen und Champignons

Zubereitungszeit: ca. 3/4 Stunden

Sie benötigen für 4 Portionen:

400 g küchenfertiges Kalbsfilet
Salz
weißen Pfeffer aus der Mühle
Saft von 1 Zitrone
Mehl zum Wenden
12 eingelegte schwarze Walnüsse mit Saft
1 TL Speisestärke
2 Frühlingszwiebeln
200 g kleine Champignons
ca. 6 EL Erdnußöl
5 cl Sherry medium
50 g Butter
30 g Sojakerne
1 EL Sojasauce
einige Korianderblättchen

So wird's gemacht:

1. Das Kalbsfilet in 1 cm dicke Scheiben schneiden, sie salzen, pfeffern, mit dem Zitronensaft beträufeln und in etwas Mehl leicht wenden.
2. Die eingelegten Walnüsse in einem Sieb abtropfen lassen und halbieren. Den aufgefangenen Dosensaft mit der Speisestärke anrühren. Die Frühlingszwiebeln putzen, waschen und in kleine Stücke schneiden. Die Champignons putzen und nur kurz waschen.
3. Nun 1 Eßlöffel Öl im Wok erhitzen, ihn damit ausschwenken und das Öl wieder abgießen. Diesen Vorgang einmal wiederholen.
4. Dann etwas Öl im Wok erhitzen und die Kalbsfiletscheiben darin in etwa 1/2 Minute goldbraun braten. Die Frühlingszwiebeln und die Champignons hinzufügen und etwa 1/2 Minute garen.
5. Dann das Ganze mit dem Sherry ablöschen und ihn kurz einreduzieren lassen.
6. Die Walnüsse zusammen mit der angerührten Stärke hineinrühren und alles aufkochen lassen. Die Butter in kleinen Flöckchen in die nicht mehr kochende Sauce rühren.
7. Die Sojakerne in einer Pfanne ohne Fettzugabe anrösten. Das Kalbsfilet mit der Sojasauce sowie mit etwas Salz und Pfeffer abschmecken. Mit den gewaschenen Korianderblättern und den Sojakernen garnieren.

Kalbsnieren mit süßem Senf und Lauchgemüse

Zubereitungszeit: ca. 40 Minuten

Sie benötigen für 4 Portionen:

2 Kalbsnieren
Salz
weißen Pfeffer aus der Mühle
Mehl zum Wenden
3 Stangen Porree
2 große Kartoffeln
1 Fleischtomate
1 Bund Basilikum
20 g Ingwerwurzel
4 Scheiben mageren Speck
ca. 1/8 l Erdnußöl
1 EL Reismehl oder Kartoffelstärke
1/8 l Kalbsfond
2 EL süßen Senf
1 EL Sojasauce
1 EL Austernsauce

So wird's gemacht:

1. Die Kalbsnieren unter fließendem, kaltem Wasser gründlich waschen. Dann die Nieren der Länge nach halbieren und den Fettkern sowie die Röhrchen herausschneiden. Die Nieren in 1/2 cm dicke Scheiben schneiden, diese salzen, pfeffern und in etwas Mehl leicht wenden.
2. Den Porree putzen, in etwa 2 cm große Stücke schneiden und in kaltem Wasser etwa 10 Minuten liegen lassen. Dann mehrmals waschen und gut abtropfen lassen. Die Kartoffeln waschen, schälen und würfeln. Die Fleischtomate vom Stielansatz befreien, über Kreuz einritzen, kurz überbrühen und abschrecken. Die Tomate dann enthäuten, vierteln und entkernen.
3. Das Basilikum waschen und grob hacken. Den Ingwer schälen und in feine Scheiben schneiden. Den Speck an den Schwartenseiten mehrmals 1 cm tief einschneiden.
4. Nun 1 Eßlöffel Öl im Wok erhitzen, ihn damit ausschwenken und das Öl wieder abgießen. Diesen Vorgang einmal wiederholen.
5. Dann etwas Öl im Wok erhitzen und die Kalbsnierenscheiben darin in etwa 2 Minuten knusprig braten. Anschließend herausnehmen und beiseite legen. Das Öl abgießen.
6. Wieder etwas Öl im Wok erhitzen und die Kartoffeln darin bei kleiner Hitze goldbraun braten. Den Porree dazugeben und etwa 2 1/2 Minuten bei mittlerer Hitze garen. Das Gemüse herausnehmen und beiseite stellen. Das Öl abgießen.
7. Noch einmal etwas Öl im Wok erhitzen und den Ingwer darin etwa 1/2 Minute braten. Das Mehl oder die Stärke hineinrühren, mit dem Kalbsfond ablöschen, den Senf, die Soja- und die Austernsauce dazugeben und alles aufkochen lassen.
8. Die Kalbsnieren, die beiseite gelegten Zutaten, die Tomate und das Basilikum im Wok erwärmen. Den Speck in einer Pfanne goldbraun braten.
9. Das Gericht auf einer Platte anrichten und mit den Speckscheiben garnieren.

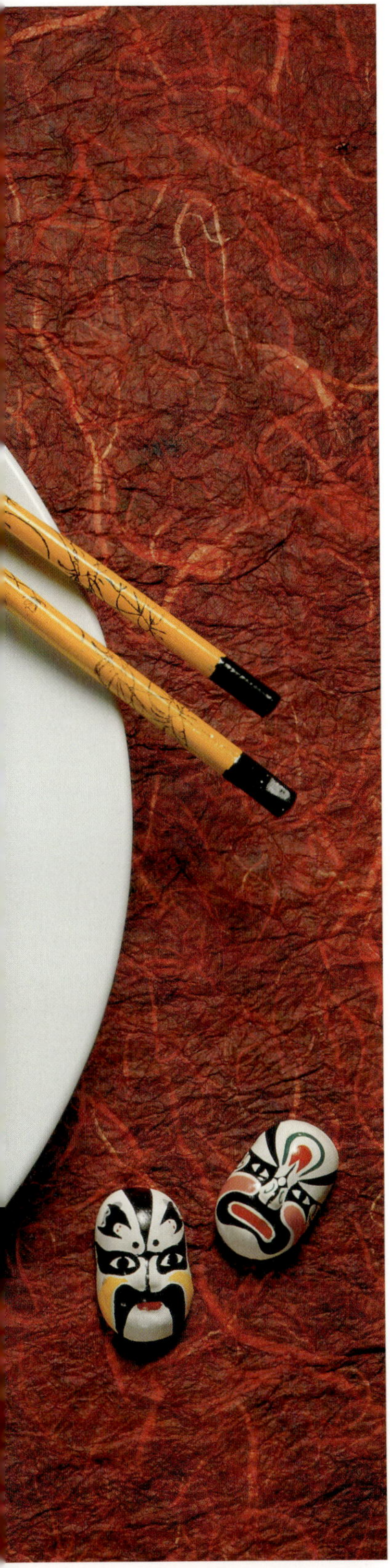

Kalbszunge mit schwarzem Reis

Zubereitungszeit: ca. 50 Minuten

Sie benötigen für 4 Portionen:

1 Zwiebel
Salz
500 g Kalbszunge
100 g Karotten
100 g Bleichsellerie
1 Stange Porree
1 Bund Knoblauchgras
2 grüne Chilischoten
8 Blätter Koriander
ca. 6 EL Sesamöl
100 g schwarzen thailändischen Reis oder weißen Rundkornreis
8 Zitronenblätter oder etwas abgeriebene Limettenschale
½ l Kalbsfond
1 EL Fischsauce
½ TL Shrimpspaste
schwarzen Pfeffer aus der Mühle

So wird's gemacht:

1. Die Zwiebel schälen. Etwa einen ¾ l Wasser zusammen mit etwas Salz und der Zwiebel aufkochen lassen, die Zunge hineingeben und etwa 20 Minuten kochen. Dann die Zunge unter kaltem Wasser abspülen, häuten und warm stellen.

2. Die Karotten putzen und schälen, den Bleichsellerie waschen und beides in feine Würfel schneiden. Den Porree putzen, waschen und in feine Ringe schneiden.

3. Das Knoblauchgras waschen und in kleine Röllchen schneiden; die Chilischoten waschen, halbieren, entkernen und fein schneiden. Den Koriander waschen und trockentupfen.

4. Nun 1 Eßlöffel Öl im Wok erhitzen, ihn damit ausschwenken und das Öl wieder abgießen. Diesen Vorgang einmal wiederholen.

5. Den Reis waschen. Etwas Öl im Wok erhitzen und die Chilischoten sowie den Reis darin etwa 20 Sekunden anbraten. Die Zitronenblätter oder die Limettenschale dazugeben und den Kalbsfond angießen. Etwa 10 Minuten kochen lassen.

6. Die Möhren-, die Sellerie- und die Porreestückchen dazugeben und alles 5 bis 8 Minuten köcheln lassen.

7. Die Kalbszunge in kleine Würfel schneiden, diese zusammen mit dem Koriander in den Wok geben und darin unter Rühren erwärmen.

8. Das Gericht mit Fischsauce, Shrimpspaste, Salz und Pfeffer abschmecken und das Knoblauchgras darüberstreuen.

Roastbeef mit Sellerie und Graupen

Zubereitungszeit: ca. 50 Minuten

Sie benötigen für 4 Portionen:

300 g küchenfertiges Roastbeef
1 EL Rotweinessig
1 EL Sojasauce
Salz
weißen Pfeffer aus der Mühle
2 EL Kartoffelstärke oder Reismehl
80 g sehr feine Perlgraupen
8 Zitronenblätter oder etwas abgeriebene Limettenschale
300 g Bleichsellerie
2–3 Schalotten
1 Karotte
100 g Frühlingszwiebeln
2 Knoblauchzehen
ca. 6 EL Erdnußöl
2 EL Fleischbrühe
2 EL Tomatenketchup
4 Blätter Pfefferminze
½ TL Meerrettichpaste

So wird's gemacht:

1. Das Roastbeef in 3 cm lange, schmale Streifen schneiden, sie mit dem Essig und der Sojasauce beträufeln, salzen, pfeffern und in der Stärke oder im Mehl leicht wenden.

2. Die Graupen zusammen mit den Zitronenblättern oder mit der Limettenschale in reichlich Salzwasser etwa ¼ Stunde kochen. Anschließend abgießen und abtropfen lassen.

3. Den Bleichsellerie putzen, waschen und in etwa 2 cm lange Stücke schneiden. Die Schalotten schälen und in Scheiben schneiden. Die Karotte schälen und in dünne Stifte schneiden.

4. Die Frühlingszwiebeln putzen, waschen und in etwa 1 cm große Stücke schneiden. Die Knoblauchzehen schälen und halbieren.

5. Nun 1 Eßlöffel Öl im Wok erhitzen, ihn damit ausschwenken und das Öl wieder abgießen. Diesen Vorgang einmal wiederholen.

6. Dann etwas Öl im Wok erhitzen und das Roastbeef darin in etwa 1½ Minuten braun braten. Herausnehmen und beiseite legen.

7. Die Knoblauchhälften in demselben Öl kurz rösten, damit es ein Knoblaucharoma erhält. Dann das Gemüse und die Graupen dazugeben und alles etwa ½ Minute bräunen.

8. Die Fleischbrühe und das Ketchup hinzufügen und alles etwa 2 Minuten köcheln lassen. Das Fleisch und die Pfefferminzblätter darunterheben und wieder erwärmen. Zuletzt das Gericht mit der Meerrettichpaste, Salz und Pfeffer abschmecken.

Roastbeef mit Sellerie, Zwiebeln und Tomaten

Zubereitungszeit: ca. 35 Minuten

Sie benötigen für 4 Portionen:

300 g küchenfertiges Roastbeef
schwarzen Pfeffer aus der Mühle
Salz
Mehl zum Wenden
200 g Zwiebeln
1 Stange Bleichsellerie
2 große Fleischtomaten
12 Blätter Basilikum
1 Stange Porree
1 Bund Knoblauchgras
100 g mageren Speck
8 gelbe oder rote Chilischoten
ca. 1/8 l Erdnußöl
1/8 l Kalbsfond
1 EL Tomatenmark
1 TL Honig
1 TL Rotweinessig
ca. 1 EL Reismehl oder Kartoffelstärke
8 Zitronenblätter oder etwas
abgeriebene Limettenschale
1 EL Sojasauce
1 EL Austernsauce

So wird's gemacht:

1. Das Roastbeef in feine Streifen schneiden, sie pfeffern, salzen und in etwas Mehl leicht wenden.

2. Die Zwiebeln schälen und in feine Streifen schneiden. Den Bleichsellerie putzen, waschen und in größere Stücke schneiden. Die Fleischtomaten von den Stielansätzen befreien, über Kreuz einritzen, kurz überbrühen und abschrecken. Die Tomaten dann enthäuten, halbieren, entkernen und in große Würfel schneiden. Die Basilikumblätter waschen und grob hacken.

3. Den Porree putzen, waschen, der Länge nach halbieren und in etwa 1 cm große Stücke schneiden. Das Knoblauchgras waschen und in feine Röllchen, den Speck in Streifen schneiden. Die Chilischoten waschen, halbieren und entkernen.

4. Nun 1 Eßlöffel Öl im Wok erhitzen, ihn damit ausschwenken und das Öl wieder abgießen. Diesen Vorgang einmal wiederholen.

5. Dann etwas Öl im Wok stark erhitzen und das Fleisch darin in etwa 1 Minute goldbraun braten. Danach herausnehmen und beiseite legen. Das Öl abgießen.

6. Erneut etwas Öl im Wok erhitzen und die Zwiebeln, den Sellerie und den Speck darin etwa 2 Minuten leicht braten. Den Kalbsfond mit dem Tomatenmark, dem Honig und dem Essig verrühren.

7. Das Gemüse mit dem Mehl oder mit der Stärke bestäuben und mit der Fondmischung ablöschen. Alles gut verrühren und etwa 1 Minute köcheln lassen.

8. Die Chilischoten und die Zitronenblätter oder die Limettenschale dazugeben und alles noch 1 Minute köcheln lassen.

9. Das Fleisch, die Tomatenwürfel und die Basilikumblätter dazugeben und nochmals erhitzen. Zuletzt das Gericht mit der Soja- und der Austernsauce würzig abschmecken und sofort servieren.

Rinderfilet mit Pak Soi

Zubereitungszeit: ca. ½ Stunde

Sie benötigen für 4 Portionen:

300 g küchenfertiges Rinderfilet
Salz
schwarzen Pfeffer aus der Mühle
1 EL Reismehl oder Kartoffelstärke
1 große Zwiebel
2 Knoblauchzehen
300 g Pak Soi oder Chinakohl
2 Fleischtomaten
2 rote Chilischoten
100 g Sojabohnenkeimlinge
24 Blätter Basilikum
ca. ¼ l Erdnußöl
1 TL braunen Rohrzucker
1 EL Rotweinessig
2 EL Tomatenketchup
2 EL Sojasauce
4 EL Fischsauce

So wird's gemacht:

1. Das Rinderfilet quer zur Faser in feine Streifen schneiden, sie salzen, pfeffern und im Mehl oder in der Stärke leicht wenden.

2. Die Zwiebel schälen, halbieren und in feine Streifen schneiden. Die Knoblauchzehen schälen und in feine Scheiben schneiden. Den Kohl von den Außenblättern befreien. Ihn vierteln, in feine Streifen schneiden, sie gründlich waschen und in einem Sieb abtropfen lassen.

3. Die Tomaten über Kreuz einritzen, kurz überbrühen, abschrecken, enthäuten und die Stielansätze herausschneiden. Die Tomaten vierteln, entkernen und in große Würfel schneiden. Die Chilischoten waschen, halbieren, entkernen und in feine Streifen schneiden. Die Sojabohnenkeimlinge waschen und abtropfen lassen. Das Basilikum waschen und trockentupfen.

4. Dann 1 Eßlöffel Öl im Wok erhitzen, ihn damit ausschwenken und das Öl wieder abgießen. Diesen Vorgang einmal wiederholen.

5. Etwa die Hälfte des restlichen Öls im Wok stark erhitzen und die Filetstreifen darin etwa 1 Minute unter ständigem Rühren anbraten. Das Fleisch herausnehmen und beiseite legen; das Öl abgießen.

6. Das restliche Öl in den Wok geben und den Zucker zusammen mit dem Essig darin karamelisieren.

7. Die Zwiebelstreifen, die Knoblauchscheiben und die Chilischoten in dem Sud etwa 2 Minuten garen.

8. Den Kohl dazugeben und unter ständigem Rühren etwa 2 Minuten garen. Das Gemüse herausnehmen und beiseite legen.

9. Das Ketchup, die Sojasauce, die Fischsauce sowie die Sojabohnenkeimlinge in die verbliebene Flüssigkeit geben und alles etwa 1 Minute kochen lassen.

10. Dann das Fleisch, das Gemüse, die Tomaten und 16 Basilikumblätter dazugeben und darin unter ständigem vorsichtigen Rühren nochmals etwa 1½ Minuten erhitzen.

11. Das Gericht mit den restlichen Basilikumblättern garniert servieren.

Rinderfilet mit weißen Morcheln

Quellzeit: ca. 1/4 Stunde
Zubereitungszeit: ca. 20 Minuten

Sie benötigen für 4 Portionen:

- 4 getrocknete weiße Morcheln
- 2 Frühlingszwiebeln
- 400 g küchenfertiges Rinderfilet
- Salz, weißen Pfeffer aus der Mühle
- 1 EL Reismehl oder Kartoffelstärke
- 1 TL rote Currypaste
- 150 g Kokossahne (siehe Seite 16)
- ca. 1/4 l Erdnußöl
- 1 EL Fischsauce
- 8 Blätter Koriander

So wird's gemacht:

1. Die Morcheln etwa 1/4 Stunde in 1/4 l heißem Wasser quellen lassen. Dann herausnehmen, abtupfen, kleinschneiden und auf Küchenkrepp legen. Das Pilzwasser beiseite stellen.

2. Die Frühlingszwiebeln putzen und in etwa 3 cm große Stücke schneiden. Sie unter fließendem Wasser gründlich waschen und abtropfen lassen.

3. Das Rinderfilet quer zur Faser in feine Streifen schneiden, salzen und pfeffern. Dann im Mehl oder in der Stärke mehrmals wenden. Die Currypaste und die Kokossahne mit dem Pilzwasser verrühren.

4. Nun 1 Eßlöffel Öl im Wok erhitzen, ihn damit ausschwenken und das Öl wieder abgießen. Diesen Vorgang einmal wiederholen.

5. Die Hälfte des restlichen Öls im Wok stark erhitzen und die Filetstreifen darin etwa 1 Minute unter ständigem Rühren anbraten. Das Fleisch herausnehmen und beiseite legen. Das Öl abgießen.

6. Das restliche Öl im Wok erhitzen und die Morcheln und die Frühlingszwiebeln darin etwa 1 1/2 Minuten unter ständigem Rühren bei mittlerer Hitze braten. Das Gemüse herausnehmen und das Öl abgießen.

7. Das angerührte Pilzwasser im Wok etwa 2 Minuten unter ständigem Rühren auf die Hälfte reduzieren. Das Fleisch und das Gemüse dazugeben und alles etwa 1 Minute langsam köcheln lassen.

8. Zuletzt das Gericht mit der Fischsauce, Salz und Pfeffer abschmecken. Die gewaschenen Korianderblätter dazugeben und alles nochmals gut verrühren.

Rinderfilet mit Tomaten und Sojabohnenkeimlingen

Zubereitungszeit: ca. 35 Minuten

Sie benötigen für 4 Portionen:

400 g küchenfertiges Rinderfilet
Salz, schwarzen Pfeffer
2 EL Speisestärke
100 g Zwiebeln
4 große Fleischtomaten
100 g Sojabohnenkeimlinge oder Mungobohnenkeimlinge
12 Blätter Salbei
ca. ⅛ l Erdnußöl
½ TL Sambal Oelek
etwas Worcestersauce
1 Prise Zucker

So wird's gemacht:

1. Das Rinderfilet in feine Streifen schneiden, sie salzen, pfeffern und in der Speisestärke leicht wenden.

2. Die Zwiebeln schälen, halbieren und in feine Scheiben schneiden. Die Fleischtomaten von den Stielansätzen befreien, über Kreuz einritzen, kurz überbrühen, abschrecken und enthäuten. Die Tomaten dann halbieren, entkernen und in kleine Würfel schneiden.

3. Die Sojabohnenkeimlinge waschen und abtropfen lassen; die Salbeiblätter waschen.

4. Nun 1 Eßlöffel Öl im Wok erhitzen, ihn damit ausschwenken und das Öl wieder abgießen. Diesen Vorgang einmal wiederholen.

5. Dann 4 Eßlöffel Öl im Wok erhitzen und das Fleisch darin unter ständigem Rühren etwa 1 Minute braten. Anschließend herausnehmen und beiseite legen. Das Öl abgießen.

6. Wieder 4 Eßlöffel Öl im Wok erhitzen und darin die Zwiebeln sowie die Salbeiblätter kurz anbraten. Die Tomatenwürfel dazugeben und unter ständigem Rühren etwa 1½ Minuten garen, bis eine sämige Masse entstanden ist. Die Sojabohnenkeimlinge dazugeben und etwa 1 Minute mitgaren.

7. Das Fleisch hinzufügen und kurz erwärmen. Zuletzt das Gericht mit Sambal Oelek, Worcestersauce und Zucker abschmecken.

Schweinenacken mit milden Peperoni

Zubereitungszeit: ca. 40 Minuten

Sie benötigen für 4 Portionen:

350 g Schweinenacken ohne Knochen
Salz
1 EL Sojasauce
1 Zweig Thymian
1 EL Speisestärke
150 g milde, grüne, lange Peperoni
150 g Zwiebeln
1 Apfel
1 Bund Knoblauchgras
2 Fleischtomaten
1/8 l Kalbsfond
1 Prise Zucker
1 Stange Porree
ca. 6 EL Erdnußöl

So wird's gemacht:

1. Den Schweinenacken in etwa 2 cm große Würfel schneiden, sie salzen und mit der Sojasauce beträufeln. Die Thymianblätter vom Stiel streifen und über das Fleisch streuen. Das Fleisch mit der Speisestärke bestäuben und etwa 10 Minuten ruhen lassen.

2. Inzwischen die Peperoni waschen, halbieren und entkernen. Die Zwiebeln schälen, halbieren und in Streifen schneiden. Den Apfel ebenfalls schälen und halbieren, dann das Kerngehäuse entfernen und den Apfel kleinwürfeln. Das Knoblauchgras waschen und in feine Röllchen schneiden.

3. Die Tomaten waschen, zusammen mit dem Kalbsfond, etwas Zucker und Salz im Mixer pürieren und anschließend durch ein Sieb passieren. Den Porree putzen, in kleine Ringe schneiden, gut waschen und in einem Sieb abtropfen lassen.

4. Nun 1 Eßlöffel Öl im Wok erhitzen, ihn damit ausschwenken und das Öl wieder abgießen. Diesen Vorgang einmal wiederholen.

5. Dann etwas Öl im Wok erhitzen und das Fleisch darin unter ständigem Rühren in etwa 2 Minuten goldbraun braten.

6. Die Zwiebeln und die Peperoni kurz mitbraten. Das Tomatenpüree hinzufügen und alles etwa 1/4 Stunde köcheln lassen, bis die Tomatensauce sämig ist.

7. Den Porree und die Apfelwürfel etwa 2 Minuten mitkochen lassen. Das Gericht nochmals abschmecken und mit den Knoblauchröllchen bestreut servieren.

Schweinenacken mit schwarzen Bohnen

Quellzeit: ca. 2 Stunden
Zubereitungszeit: ca. 1 Stunde

Sie benötigen für 4 Portionen:

150 g getrocknete schwarze Bohnen
Salz
350 g Schweinenacken ohne Knochen
1 EL Sategewürz für Schweinefleisch
2 EL Reismehl oder Kartoffelstärke
200 g Zwiebeln
2 Knoblauchzehen
2 rote Chilischoten
1 große rote Paprikaschote
1 Zweig Koriander
ca. 1/8 l Öl
1 EL Tomatenmark
2 EL Reiswein
1 TL gemahlenen Sternanis
2 EL Sojasauce
geriebene Muskatnuß
schwarzen Pfeffer aus der Mühle

So wird's gemacht:

1. Die Bohnen etwa 2 Stunden in Wasser quellen lassen. Dann in Salzwasser in etwa 40 Minuten bißfest kochen, abschütten und abtropfen lassen.

2. Inzwischen den Schweinenacken in feine Streifen schneiden, sie mit dem Sategewürz bestreuen und im Mehl oder in der Stärke leicht wenden.

3. Die Zwiebeln und die Knoblauchzehen schälen und beides in feine Würfel schneiden. Die Chilischoten waschen, halbieren, entkernen und in feine Streifen schneiden. Die Paprikaschote waschen, halbieren, entkernen und in kleine Würfel schneiden. Die Korianderblätter vom Stiel zupfen und fein hacken.

4. Nun 1 Eßlöffel Öl im Wok erhitzen, ihn damit ausschwenken und das Öl wieder abgießen. Diesen Vorgang einmal wiederholen.

5. Dann etwas Öl im Wok stark erhitzen und das Fleisch darin in etwa 2 Minuten goldbraun braten. Anschließend herausnehmen und beiseite legen. Das Öl abgießen.

6. Noch einmal etwas Öl im Wok erhitzen und die Zwiebelwürfel sowie den Knoblauch darin in etwa 30 Sekunden glasig braten. Dann die Paprikawürfel und die Chilistreifen dazugeben und etwa 30 Sekunden mitbraten. Das Tomatenmark hineingeben und alles mit dem Reiswein ablöschen.

7. Die Bohnen und das Fleisch in den Wok geben und darin erhitzen. Zuletzt das Gericht mit Sternanis, Sojasauce, Muskat, Salz, Pfeffer und dem gehackten Koriander abschmecken.

Schweinefilet mit Porree, Austernpilzen und Karotten

Zubereitungszeit: ca. 35 Minuten

Sie benötigen für 4 Portionen:

300 g küchenfertiges Schweinefilet
Salz, weißen Pfeffer
2 EL Reismehl oder Kartoffelstärke
1 große Zwiebel
1 Knoblauchzehe
2 grüne Chilischoten
1 Stange Porree
150 g Austernpilze
2 große Karotten
1 Bund Knoblauchgras
ca. 1/8 l Erdnußöl
200 g Kokossahne (siehe Seite 16)
4 Zitronenblätter oder etwas abgeriebene Limettenschale
8 Blätter Koriander
1 EL Fischsauce
1 EL Austernsauce

So wird's gemacht:

1. Das Schweinefilet in feine Streifen schneiden, sie salzen, pfeffern und im Mehl oder in der Stärke leicht wenden.

2. Die Zwiebel schälen und in feine Streifen schneiden. Die Knoblauchzehe schälen und fein würfeln. Die Chilischoten waschen, halbieren, entkernen und in feine Streifen schneiden. Den Porree putzen, in etwa 2 cm große Stücke schneiden, sie waschen und abtropfen lassen.

3. Die Austernpilze putzen, eventuell halbieren, waschen und abtropfen lassen. Die Karotten schälen, waschen und in etwa 3 cm lange Stifte schneiden. Das Knoblauchgras waschen und in kleine Röllchen schneiden.

4. Nun 1 Eßlöffel Öl im Wok erhitzen, ihn damit ausschwenken und das Öl wieder abgießen. Diesen Vorgang einmal wiederholen.

5. Dann etwas Öl im Wok erhitzen und die Schweinefiletstreifen darin in etwa 1 Minute goldbraun braten. Dann herausnehmen und beiseite legen. Das Öl abgießen.

6. Noch einmal etwas Öl im Wok erhitzen und die Karotten darin in etwa 1 Minute unter ständigem Rühren bißfest braten. Die Zwiebel- und die Chilistreifen hinzufügen und etwa 1½ Minuten mitgaren.

7. Dann die Austernpilze dazugeben und etwa 1 Minute mitbraten. Das Gemüse herausnehmen und beiseite legen. Das Öl abgießen.

8. Die Kokossahne im Wok aufkochen lassen und die Zitronenblätter oder die Limettenschale sowie die Korianderblätter und den Porree darin etwa 1 Minute köcheln lassen.

9. Dann das Fleisch und das Gemüse in der Sauce erhitzen und das Gericht mit der Fisch- und der Austernsauce abschmecken.

Süß-saures Schweinefilet mit Ananas

Marinierzeit: ca. 3 Stunden
Zubereitungszeit: ca. 35 Minuten

Sie benötigen für 4 Portionen:

Für die Marinade:

1 EL Kartoffelstärke oder Reismehl
1 EL Reiswein
1 EL Sojasauce
1 EL Sesamöl
Salz
weißen Pfeffer aus der Mühle

Außerdem:

300 g küchenfertiges Schweinefilet
1 kleine Ananas oder 300 g ungesüßte Ananasstücke aus der Dose
1 Stange Porree
1 große rote Zwiebel
1 gelbe Paprikaschote
2 Knoblauchzehen
10 g junge Ingwerwurzel
3 Fleischtomaten
1 EL Weinessig
1 EL Honig
2 rote Chilischoten
1 Salatgurke (ca. 200 g)
ca. 6 EL Erdnußöl
8 Zitronenblätter oder etwas abgeriebene Limettenschale
Salz, weißen Pfeffer aus der Mühle

So wird's gemacht:

1. Die Zutaten für die Marinade verrühren. Das Schweinefilet in 2½ cm große Würfel schneiden und sie in der Sauce etwa 3 Stunden an einem kühlen Platz (aber nicht im Kühlschrank) marinieren.

2. Von der Ananas den Schopf abschneiden. Die Frucht sorgfältig schälen und vierteln. Den Strunk entfernen und das Fruchtfleisch in kleine Würfel schneiden. Die Ananasstücke aus der Dose nur abtropfen lassen.

3. Den Porree putzen, in 2 cm große Stücke schneiden und gründlich waschen. Die Zwiebel schälen und in 1 cm große Würfel schneiden.

4. Die Paprikaschote waschen, halbieren, entkernen und würfeln. Die Knoblauchzehen und den Ingwer schälen und beides fein hacken.

5. Die Tomaten von den Stengelansätzen befreien, über Kreuz einritzen, kurz überbrühen, abschrecken und enthäuten. Dann halbieren und entkernen. Das Kernfleisch beiseite legen. Zwei Tomaten in große Würfel schneiden, die dritte zusammen mit dem Kernfleisch, dem Essig und dem Honig im Mixer pürieren.

6. Die Chilischoten waschen, halbieren, entkernen und in feine Würfel schneiden. Die Gurke schälen, vierteln und die Kerne mit einem Löffel herauskratzen. Die Gurke in 2 cm große Stücke schneiden.

7. Nun 1 Eßlöffel Öl im Wok erhitzen, ihn damit ausschwenken und das Öl wieder abgießen. Diesen Vorgang einmal wiederholen.

8. Dann 4 Eßlöffel Öl im Wok erhitzen und darin die abgetropften Fleischwürfel, den Knoblauch und den Ingwer in 1 bis 2 Minuten goldbraun braten. Das Tomatenpüree und die Zitronenblätter oder die Limettenschale hinzufügen und alles etwa 1 Minute köcheln lassen.

9. Dann die Zwiebel- und Paprikawürfel, Gurken- und Porreestücke dazugeben und alles noch 3 Minuten köcheln lassen.

10. Ananas-, Chili- und Tomatenwürfel etwa ½ Minute mitköcheln lassen. Mit Salz und Pfeffer würzen.

Schweinefilet mit Venusmuscheln

Zubereitungszeit: ca. 40 Minuten

Sie benötigen für 4 Portionen:

250 g küchenfertiges Schweinefilet
Salz
schwarzen Pfeffer aus der Mühle
Mehl zum Wenden
250 g frische Venusmuscheln
4 Knoblauchzehen
100 g Zwiebeln
2 Fleischtomaten
2 Chilischoten
1 Bund glatte Petersilie
ca. 6 EL Erdnußöl
8 Zitronenblätter oder etwas abgeriebene Limettenschale
12 Blätter Koriander
3 EL Pflaumenwein
1 EL Reismehl oder Kartoffelstärke
1 EL Austernsauce
1 Prise gemahlenen Sternanis

So wird's gemacht:

1. Das Schweinefilet in etwa 1 cm große Scheiben schneiden, sie salzen, pfeffern und in etwas Mehl wenden.

2. Die Muscheln gut waschen und abtropfen lassen, bereits geöffnete wegwerfen. Die Knoblauchzehen und die Zwiebeln schälen und beides in feine Würfel schneiden. Die Tomaten über Kreuz einritzen, kurz überbrühen, abschrecken, enthäuten und die Stielansätze herausschneiden. Dann die Tomaten vierteln, entkernen und in kleine Würfel schneiden. Die Chilischoten waschen, halbieren, entkernen und in Streifen schneiden. Die Petersilie waschen und fein hacken.

3. Nun 1 Eßlöffel Öl im Wok erhitzen, ihn damit ausschwenken und das Öl wieder abgießen. Diesen Vorgang einmal wiederholen.

4. Dann etwas Öl im Wok erhitzen und das Fleisch darin unter ständigem Rühren in etwa 1 Minute braun braten. Anschließend herausnehmen und beiseite legen.

5. Die Zwiebeln, den Knoblauch und die Chilischoten kurz im Wok anbraten, die Muscheln, die Zitronenblätter oder die Limettenschale und die Korianderblätter dazugeben und alles mit 2 Eßlöffeln Pflaumenwein ablöschen.

6. Wenn sich die Muscheln geöffnet haben, das Fleisch und die Tomatenwürfel dazugeben und kurz mitgaren. Noch geschlossene Muscheln aus dem Wok nehmen und wegwerfen, denn sie könnten verdorben sein.

7. Den restlichen Eßlöffel Pflaumenwein mit dem Mehl oder mit der Stärke anrühren und im Wok aufkochen lassen. Zuletzt das Gericht mit Austernsauce, Sternanis, Salz und Pfeffer abschmecken. Mit der gehackten Petersilie bestreut servieren.

Schweinefilet mit Garnelen

Zubereitungszeit: ca. 50 Minuten

Sie benötigen für 4 Portionen:

250 g küchenfertiges Schweinefilet
Salz
weißen Pfeffer aus der Mühle
Mehl zum Wenden
4–8 ausgelöste Garnelen
1 Zwiebel
2 rote Chilischoten
2 Knoblauchzehen
1 Frühlingszwiebel
20 g junge Ingwerwurzel
1 große Karotte
100 g jungen, frischen Fingermais oder nicht sauer eingelegte Maiskölbchen aus der Dose
ca. 1/8 l Öl
1 EL Tomatenmark
2 EL Geflügelfond
3 EL Tomatensaft
2 EL Shrimpspaste
12 Blätter Koriander
4 Zitronenblätter oder etwas abgeriebene Limettenschale
1 EL Fischsauce
1 Prise gemahlenen Sternanis
12 Blätter Pfefferminze

So wird's gemacht:

1. Das Schweinefilet in etwa ½ cm dicke Scheiben schneiden, sie salzen, pfeffern und in etwas Mehl wenden.

2. Die Garnelen der Länge nach bis zum Schwanz aufschneiden und die Darmfäden entfernen. Die Garnelen ebenfalls salzen, pfeffern und in etwas Mehl wenden.

3. Die Zwiebel schälen und in große Würfel schneiden. Die Chilischoten waschen, halbieren, entkernen und in feine Streifen schneiden. Die Knoblauchzehen schälen und kleinschneiden.

4. Die Frühlingszwiebel putzen, in etwa 2 cm große Stücke schneiden, waschen und abtropfen lassen. Den Ingwer und die Karotte schälen, beides waschen und in feine Scheiben schneiden. Den Fingermais waschen und abtropfen lassen. Die Maiskölbchen aus der Dose nur abtropfen lassen. Den Mais der Länge nach halbieren.

5. Nun 1 Eßlöffel Öl im Wok erhitzen, ihn damit ausschwenken und das Öl wieder abgießen. Diesen Vorgang einmal wiederholen.

6. Dann etwas Öl im Wok erhitzen und das Schweinefilet darin in etwa 1 Minute goldbraun braten. Dann herausnehmen und beiseite legen.

7. Noch einmal etwas Öl im Wok erhitzen und die Garnelen darin in etwa 1 Minute goldbraun braten. Dann herausnehmen und beiseite legen. Das Öl abgießen.

8. Wieder etwas Öl im Wok erhitzen und Zwiebelwürfel, Chilischoten, Knoblauchstücke, Ingwer- und Karottenscheiben darin unter ständigem Rühren in 1½ Minuten glasig braten. Das Tomatenmark hinzufügen, alles einmal umrühren und mit dem Geflügelfond und dem Tomatensaft ablöschen.

9. Die Maiskölbchen, die Frühlingszwiebel, die Shrimpspaste, die gewaschenen Korianderblätter und die Zitronenblätter oder die Limettenschale dazugeben und alles etwa 1 Minute garen.

10. Das Schweinefilet, die Garnelen und die Fischsauce in den Wok geben und darin etwa 30 Sekunden unter Rühren erwärmen. Das Gericht mit Sternanis abschmecken. Mit den Pfefferminzblättern garnieren.

Kleine Schweinerouladen mit Sauerkraut

Zubereitungszeit: ca. ¾ Stunden

Sie benötigen für 4 Portionen:

8 kleine Schweineschnitzel aus der Keule (à 50 g)
Salz, weißen Pfeffer aus der Mühle
½ TL Korianderpulver
240 g mildes Sauerkraut
Mehl zum Bestäuben
1 Bund Petersilie
2 Orangen
1 Mango
ca. 6 EL Erdnußöl
1 TL Honig
½ EL Tomatenketchup
2 EL Pflaumenwein
1 Prise Zimt
geriebene Muskatnuß
1 Msp. Sambal Oelek
1 TL Austernsauce

So wird's gemacht:

1. Die Schnitzel salzen, pfeffern und mit dem Koriander würzen. Das Sauerkraut auf den Schnitzeln verteilen, sie zu kleinen Rouladen zusammenrollen und mit Klammern verschließen oder mit Rouladennadeln feststecken. Die Rouladen mit etwas Mehl bestäuben.

2. Die Petersilie waschen und fein hacken. Die Orangen sorgfältig schälen, dabei auch die weiße Haut entfernen. Dann mit einem spitzen Messer neben den Zwischenhäuten einschneiden und die Filets herauslösen. Die Mango schälen, das Fruchtfleisch vom Stein abschneiden und kleinwürfeln.

3. Nun 1 Eßlöffel Öl im Wok erhitzen, ihn damit ausschwenken und das Öl wieder abgießen. Diesen Vorgang einmal wiederholen.

4. Dann 4 Eßlöffel Öl im Wok erhitzen und die Rouladen darin etwa 3 Minuten bei kleiner Hitze braten. Den Honig und das Ketchup einrühren und die Rouladen darin mehrmals wenden.

5. Die Petersilie und die Mangowürfel kurz mitschmoren. Die Orangenfilets hinzufügen und alles mit dem Pflaumenwein ablöschen.

6. Zuletzt das Gericht mit Zimt, Muskat, Sambal Oelek und Austernsauce abschmecken.

Fleischbällchen mit jungem Gemüse

Zubereitungszeit: ca. ¾ Stunden

Sie benötigen für 4 Portionen:

Für die Fleischbällchen:
etwas Dill
etwas Petersilie
100 g frische Kokosnuß oder
50 g Kokosraspel
2 grüne Chilischoten
80 g Sonnenblumenkerne
ca. 1 EL Erdnußöl
300 g Schweinemett
2 Eier
Salz
weißen Pfeffer aus der Mühle

Für das Gemüse:
1 Stange Porree
1 Karotte
80 g Blumenkohl
80 g Brokkoli
80 g kleinen Makeur
1 Bund Knoblauchgras
1 Stange Zitronengras
½ l Hühnerbrühe
10 g getrocknete Lilienblüten
4 Zitronenblätter oder etwas abgeriebene Limettenschale
8 Blätter Koriander
1 TL Shrimpspaste

So wird's gemacht:

1. Den Dill und die Petersilie waschen und beides fein hacken. Aus der frischen Kokosnuß das Fleisch herausschneiden und fein reiben. Sie können aber auch Kokosraspel aus der Tüte nehmen.

2. Die Chilischoten waschen, halbieren, entkernen und in feine Streifen schneiden. Dann zusammen mit den Sonnenblumenkernen im Wok mit dem Öl anrösten.

3. Das Mett mit den Eiern, den Kokosraspeln, den Chilistreifen, den Sonnenblumenkernen und den Kräutern mischen. Dann salzen, pfeffern und zu kleinen Fleischbällchen formen.

4. Den Porree putzen, der Länge nach halbieren, in feine Streifen schneiden und sie gründlich waschen. Die Karotte schälen und in feine Scheiben schneiden.

5. Den Blumenkohl und die Brokkoli putzen, in kleine Röschen zerteilen und sie waschen. Den Makeur von den Stielen befreien und waschen. Das Knoblauchgras und das Zitronengras waschen und beides kleinschneiden.

6. Die Hühnerbrühe im Wok erhitzen und die Fleischbällchen sowie den Blumenkohl und die Lilienblüten darin bei kleiner Hitze etwa 5 Minuten ziehen lassen.

7. Dann Porree, Karotte, Brokkoli, Makeur, Zitronengras und Zitronenblätter oder Limettenschale dazugeben und alles bei kleiner Hitze etwa 10 Minuten ziehen lassen.

8. Das Knoblauchgras, den gewaschenen Koriander und die Schrimpspaste vorsichtig darunterrühren und das Gericht nach Bedarf mit Salz und Pfeffer abschmecken.

Lammkeule auf süß-saure Art

Marinierzeit: ca. 3 Stunden
Zubereitungszeit: ca. 3/4 Stunden

Sie benötigen für 4 Portionen:

Für die Marinade:
1 EL Speisestärke
1 EL Pflaumenwein
1 EL Sojasauce
1 EL Sesamöl
1 EL Zitronensaft

Außerdem:
350 g Lammkeule ohne Knochen und Fett
1 Salatgurke (ca. 250 g)
1 rote Zwiebel
2 rote Chilischoten
10 g junge Ingwerwurzel
2 Knoblauchzehen
4 Tamarillos (Baumtomaten)
1 Stange Zitronengras
1 Bund Pfefferminze
1 Mango
ca. 6 EL Erdnußöl
1/8 l Ananassaft
1 EL Weinessig
1 TL Honig
1 EL Speisestärke
1 EL Weißwein
Salz
schwarzen Pfeffer aus der Mühle

So wird's gemacht:

1. Die Zutaten für die Marinade verrühren. Die Lammkeule in etwa 2 cm große Streifen schneiden und diese in der Marinade etwa 3 Stunden an einem kühlen Platz (nicht im Kühlschrank) ziehen lassen.

2. Die Gurke waschen, halbieren und die Kerne mit einem Löffel herauskratzen. Die Gurke in 2 cm große Stücke schneiden. Die Zwiebel schälen und würfeln. Die Chilischoten waschen, halbieren, entkernen und in Streifen schneiden. Den Ingwer und die Knoblauchzehen schälen und beides fein hacken.

3. Die Tamarillos waschen, schälen und vierteln. Das Zitronengras waschen und in 1 cm große Stücke schneiden. Die Pfefferminze waschen und die Blätter von den Stielen zupfen. Die Mango schälen, das Fruchtfleisch vom Stein abschneiden und in breite Streifen schneiden.

4. Nun 1 Eßlöffel Öl im Wok erhitzen, ihn damit ausschwenken und das Öl wieder abgießen. Diesen Vorgang einmal wiederholen.

5. Etwas Öl im Wok erhitzen und Fleisch, Knoblauch, Ingwer und Chilischoten darin 2 Minuten braten.

6. Den Ananassaft, den Essig und den Honig dazugeben und alles etwa 1 Minute kochen lassen. Dann das Zitronengras, die Gurke und die Zwiebel hinzufügen und alles etwa 3 Minuten köcheln lassen.

7. Die Speisestärke mit dem Weißwein verrühren, in die Sauce geben und alles einmal aufkochen lassen.

8. Die Mango, die Tamarillos und die Pfefferminze vorsichtig darunterheben und das Ganze mit Salz und Pfeffer abschmecken.

Lammkeule mit gebratenem Wirsing und Pfefferminze

Zubereitungszeit: ca. 40 Minuten

Sie benötigen für 4 Portionen:
350 g küchenfertige Lammkeule ohne Knochen
schwarzen Pfeffer aus der Mühle
Salz
1 TL Sojasauce
1 TL asiatische Pilzsauce
Mehl zum Bestäuben
1 große Zwiebel
2 Knoblauchzehen
1 Zweig Pfefferminze
1 Kopf Wirsing
ca. 1/8 l Erdnußöl
1 TL Obstessig
1 TL Honig
Muskat aus der Mühle
40 g kalte Butter
1 EL Sesamkörner
1 TL Reismehl oder Kartoffelstärke
1/8 l Kalbsfond

So wird's gemacht:

1. Die Lammkeule in feine Streifen schneiden, diese pfeffern, salzen, mit der Soja- und der Pilzsauce von allen Seiten beträufeln und mit etwas Mehl bestäuben.

2. Die Zwiebel und die Knoblauchzehen schälen und beides in feine Scheiben schneiden. Die Pfefferminze waschen und die Blätter vom Stiel zupfen.

3. Den Wirsing halbieren und den Strunk keilförmig herausschneiden. Den Kohl in feine Streifen schneiden und waschen. Die Streifen in kochendem Salzwasser in etwa 2 Minuten bißfest blanchieren, dann abschrekken und gut abtropfen lassen.

4. Nun 1 Eßlöffel Öl im Wok erhitzen, ihn damit ausschwenken und das Öl wieder abgießen. Diesen Vorgang einmal wiederholen.

5. Dann etwas Öl im Wok stark erhitzen und das Lammfleisch darin unter ständigem Rühren etwa 1½ Minuten braten. Anschließend herausnehmen und beiseite legen. Das Öl abgießen.

6. Noch einmal etwas Öl im Wok erhitzen, die Zwiebelscheiben darin goldbraun braten. Die Wirsingstreifen etwa 1 Minute mitbraten. Den Essig und den Honig hineinrühren und das Ganze mit Salz, Pfeffer und Muskat abschmecken.

7. Die Butter in Flöckchen darunterrühren, den Wirsing auf einer Platte anrichten und warm stellen.

8. Noch einmal etwas Öl im Wok erhitzen und den Knoblauch sowie die Sesamkörner darin anrösten. Die Pfefferminzblätter dazugeben. Das Mehl oder die Stärke hinzufügen, alles gut verrühren und mit dem Kalbsfond ablöschen.

9. Das gebratene Lammfleisch noch einmal kurz in der Sauce erhitzen und dann auf einer separaten Platte zum Wirsing servieren.

Lammhaxe mit weißen Bohnen

Quellzeit: ca. 12 Stunden
Zubereitungszeit: ca. 1½ Stunden

Sie benötigen für 4 Portionen:

150 g große weiße Bohnen
4 Lammhaxen mit Knochen à 200 g
Salz
schwarzen Pfeffer aus der Mühle
200 g grüne Paprikaschoten
4 rote Chilischoten
100 g Karotten
1 Stange Porree
4 Knoblauchzehen
1 große Zwiebel
16 Blätter Basilikum
4 Scheiben mageren Speck
ca. 6 EL Olivenöl
2 EL Tomatenmark
1 l Kalbsfond
½ TL Sambal Oelek
1 TL Sambal Manis
1 TL gemahlenen Sternanis

So wird's gemacht:

1. Die Bohnen in 1 l kaltem Wasser etwa 12 Stunden quellen lassen.
2. Die Lammhaxen waschen, trokkentupfen, salzen und pfeffern.
3. Die Paprika- und die Chilischoten waschen, halbieren, entkernen und in feine Streifen schneiden. Die Karotten schälen und in kleine Würfel schneiden. Den Porree putzen, waschen und fein würfeln.
4. Die Knoblauchzehen schälen und halbieren. Die Zwiebel schälen und in Streifen schneiden. Das Basilikum waschen, acht Blätter in Streifen schneiden, die restlichen acht für die Garnitur aufheben. Den Speck an den Schwartenseiten mehrmals etwa 1 cm tief einschneiden.
5. Nun 1 Eßlöffel Öl im Wok erhitzen, ihn damit ausschwenken und das Öl wieder abgießen. Diesen Vorgang einmal wiederholen.
6. Danach etwas Öl im Wok erhitzen und die Lammhaxen darin von allen Seiten in 5 Minuten goldbraun braten. Dann Knoblauch, Zwiebeln, Chilischoten, Karotten und Speck dazugeben und anbraten. Nach etwa 2 Minuten das Tomatenmark hineinrühren.
7. Die Bohnen in den Wok geben, den Kalbsfond angießen und das Ganze etwa 50 Minuten köcheln lassen.
8. Wenn die Bohnen noch bißfest sind, die Paprikastreifen, den Porree und das kleingeschnittene Basilikum dazugeben und alles 3 bis 4 Minuten mitköcheln lassen.
9. Zum Schluß das Gericht mit Sambal Oelek, Sambal Manis, Sternanis, Salz und Pfeffer abschmecken und mit den restlichen acht Basilikumblättern garnieren.

Lammnacken mit grünen Bohnen und blauen Kartoffeln

Marinierzeit: ca. 1 Stunde
Zubereitungszeit: ca. 50 Minuten

Sie benötigen für 4 Portionen:

1,2 kg Lammnacken mit Knochen (den Knochen vom Metzger auslösen lassen)
schwarzen Pfeffer aus der Mühle
Salz
1 TL gemahlenen Sternanis
1 EL Ingwerpulver
1 EL Sojasauce
Mehl zum Bestäuben
250 g blaue Kartoffeln (Truffe de chine)
50 g milde, grüne Peperoni
250 g grüne Bohnen
4 Knoblauchzehen
1 Zweig Koriander
100 g rote Zwiebeln
ca. 6 EL Erdnußöl
½ l Kalbsfond
2 getrocknete rote Chilischoten
1 EL Sambal Manis
1–2 EL Speisestärke
1 TL Weißweinessig

So wird's gemacht:

1. Den Lammnacken in kleine Würfel schneiden. Sie pfeffern, salzen, mit Sternanis, Ingwerpulver und Sojasauce würzen, rundherum mit Mehl bestäuben und etwa 1 Stunde marinieren.
2. Die Kartoffeln etwa ¼ Stunde wie Pellkartoffeln kochen, dann abkühlen lassen, pellen und in feine Scheiben schneiden. Die Peperoni waschen, halbieren, entkernen und in Streifen schneiden.
3. Die Bohnen putzen, die Fäden abziehen und die Bohnen in etwa 3 cm große Stücke schneiden. Die Knoblauchzehen schälen und halbieren. Den Koriander waschen und die Blätter vom Stiel zupfen. Die Zwiebeln schälen und fein würfeln.
4. Nun 1 Eßlöffel Öl im Wok erhitzen, ihn damit ausschwenken und das Öl wieder abgießen. Diesen Vorgang einmal wiederholen.
5. Dann etwas Öl im Wok erhitzen und das Lammfleisch darin in etwa 3 Minuten goldbraun braten. Die Zwiebeln, die Chilischoten und den Knoblauch hineinrühren und nach etwa 1 Minute die Bohnen, den Koriander und den Kalbsfond dazugeben und alles 10 bis 15 Minuten köcheln lassen. Die Bohnen sollten noch Biß haben.
6. Die Kartoffeln hinzufügen und das Ganze mit Sambal Manis, Sojasauce, Pfeffer und Salz abschmecken. Die Speisestärke im Essig anrühren, die Sauce damit binden und alles noch kurz einköcheln lassen.

Lammfilet mit rotem Paprika und Zuckerschoten

Zubereitungszeit: ca. 3/4 Stunden

Sie benötigen für 4 Portionen:
- 2 rote Paprikaschoten
- 1 große Zwiebel
- 100 g Makeur
- 120 g Zuckerschoten
- 2 grüne Chilischoten
- 2 Knoblauchzehen
- 300 g Lammfilet oder ausgelöster Lammrücken (küchenfertig)
- Salz
- Mehl zum Wenden
- 1/8 l Erdnußöl
- 200 g Kokossahne (siehe Seite 16)
- 1 EL Reismehl oder Kartoffelstärke
- 1 TL grüne Currypaste
- 3 EL Fischsauce
- 1 EL Sojasauce
- 10 Blätter Basilikum

So wird's gemacht:

1. Die Paprikaschoten waschen, putzen, achteln und entkernen. Dann in große Rauten schneiden. Die Zwiebel schälen, halbieren und in feine Streifen schneiden. Den Makeur waschen und abtropfen lassen. Große Früchte halbieren.

2. Von den Zuckerschoten die Fäden abziehen, die Schoten waschen und abtropfen lassen. Die Chilischoten waschen, halbieren, entkernen und in feine Streifen schneiden. Die Knoblauchzehen schälen und in feine Scheiben schneiden.

3. Das Fleisch in 2 cm große Würfel schneiden, salzen und in etwas Mehl wenden.

4. Nun 1 Eßlöffel Öl im Wok erhitzen, ihn damit ausschwenken und das Öl wieder abgießen. Diesen Vorgang einmal wiederholen.

5. Dann 4 Eßlöffel Öl im Wok erhitzen und das Fleisch in etwa 1 1/2 Minuten knusprig braten. Anschließend herausnehmen und beiseite legen.

6. Die Knoblauchscheiben, die Chilischoten und die Zwiebelstreifen im Wok goldbraun braten, herausnehmen und beiseite legen. Das Öl abgießen.

7. Wieder etwas Öl in den Wok geben und die Paprikaschoten darin bei mittlerer Hitze unter ständigem Rühren etwa 1 1/2 Minuten garen. Dann herausnehmen und beiseite legen. Das Öl abgießen.

8. Die Kokossahne im Wok aufkochen lassen und die Erbsenschoten sowie den Makeur darin etwa 2 Minuten garen. Das Mehl oder die Stärke mit etwas Wasser anrühren, in die Kokossahne geben und die Sauce aufkochen lassen.

9. Die Currypaste, die Fisch- und die Sojasauce dazugeben, alles umrühren und mit Salz abschmekken. Das Gemüse und das Fleisch in der Sauce kurz erhitzen.

10. Zuletzt das Gericht mit den gewaschenen Basilikumblättern garnieren.

Lammnieren süß-sauer

Zubereitungszeit: ca. 1/2 Stunde

Sie benötigen für 4 Portionen:

350 g Lammnieren
Salz
schwarzen Pfeffer aus der Mühle
Mehl zum Wenden
150 g frische Perlzwiebeln oder Schalotten
150 g Kirschtomaten
10 Blätter Basilikum
1 Bund glatte Petersilie
50 g mageren Speck
ca. 1/8 l Erdnußöl
1 EL braunen Rohrzucker
1 EL Rotweinessig
1/8 l Kalbsfond
1 EL Reismehl oder Kartoffelstärke
1 EL Reiswein

So wird's gemacht:

1. Die Lammnieren unter fließendem kalten Wasser gründlich waschen. Dann die Nieren häuten, der Länge nach halbieren und den Fettkern sowie die Röhrchen herausschneiden. Die Nieren in Streifen schneiden, salzen, pfeffern und in etwas Mehl leicht wenden.

2. Die Perlzwiebeln oder die Schalotten schälen. Die Kirschtomaten über Kreuz einritzen, kurz überbrühen, abschrecken, enthäuten und die Stielansätze herausschneiden. Das Basilikum und die Petersilie waschen und beides fein hacken. Den Speck in feine Streifen schneiden.

3. Nun 1 Eßlöffel Öl im Wok erhitzen, ihn damit ausschwenken und das Öl wieder abgießen. Diesen Vorgang einmal wiederholen.

4. Dann etwas Öl im Wok erhitzen und die Lammnieren sowie die Speckstreifen darin unter ständigem Rühren eine knappe Minute braten. Anschließend herausnehmen und in einem Sieb abtropfen lassen. Das Öl aus dem Wok abgießen.

5. Noch einmal etwas Öl im Wok erhitzen, den Zucker dazugeben und die Zwiebeln darin etwa 1 Minute glasieren. Mit dem Essig ablöschen, den Kalbsfond angießen und alles etwa 5 Minuten kochen lassen.

6. Das Mehl oder die Stärke mit dem Reiswein anrühren und die Sauce damit binden.

7. Die Nieren, die Tomaten, die Petersilie und das Basilikum in den Wok geben, alles vorsichtig mischen und kurz erhitzen. Mit Pfeffer und Salz abschmecken.

Gerichte mit Geflügel und Wild

Hier kommen auch einmal größere Fleischstücke in den Wok, die in Kombination mit scharf-pikanten oder mit süß-sauren Saucen die ganze Vielfalt an Zubereitungsmöglichkeiten zeigen. Das zarte Fleisch behält dabei sein feines Aroma und wird durch das Zusammenspiel mit anderen Zutaten stets ins rechte Licht gerückt.

Hähnchenkeulen mit schwarzen Pilzen auf Chinakohl

Zubereitungszeit: ca. 3/4 Stunden

Sie benötigen für 4 Portionen:

4 Hähnchenkeulen
etwas Zitronensaft
1 EL thailändisches Geflügelgewürz
Mehl zum Bestäuben
100 g Schalotten
1 Knoblauchzehe
100 g frische schwarze Trompetenpilze
12 Blätter Pfefferminze
1 Kopf Chinakohl
Salz
ca. 1/8 l Erdnußöl
1/4 l Geflügelfond
1 EL Austernsauce
1 EL Reismehl oder Kartoffelstärke
1 EL Weißweinessig
1 TL Honig
schwarzen und weißen Pfeffer aus der Mühle
1 Msp. Sambal Oelek

So wird's gemacht:

1. Die Hähnchenkeulen waschen, trockentupfen, mit etwas Zitronensaft beträufeln, mit dem Geflügelgewürz einreiben und mit Mehl bestäuben.

2. Die Schalotten schälen und in Scheiben schneiden. Die Knoblauchzehe schälen und vierteln. Von den Trompetenpilzen die Wurzeln abschneiden, die Pilze unter fließendem Wasser waschen und dann abtropfen lassen. Die Pfefferminzblätter ebenfalls waschen.

3. Den Chinakohl halbieren und den Strunk herausschneiden. Den Kohl in Streifen schneiden, sie waschen und abtropfen lassen. Die Streifen in kochendem Salzwasser etwa 1 Minute blanchieren, abschrecken und abtropfen lassen.

4. Nun 1 Eßlöffel Öl im Wok erhitzen, ihn damit ausschwenken und das Öl wieder abgießen. Diesen Vorgang einmal wiederholen.

5. Dann etwas Öl im Wok erhitzen und die Hähnchenkeulen darin bei mittlerer Hitze etwa 5 Minuten braten. Die Schalotten und die Knoblauchzehe etwa 30 Sekunden mitbraten. Die Hälfte des Geflügelfonds dazugeben und alles 10 bis 15 Minuten bei kleiner Hitze garen. Dann die Keulen herausnehmen und warm stellen.

6. Die Flüssigkeit bei starker Hitze einreduzieren lassen, bis sie sämig wird. Dann die Trompetenpilze darin etwa 1 Minute garen. Mit der Austernsauce abschmecken.

7. Nun etwas Öl in einem Topf erhitzen und die Pfefferminzblätter hineingeben. Das Mehl oder die Stärke darin anschwitzen lassen und mit dem restlichen Geflügelfond, dem Essig und dem Honig ablöschen.

8. Die Kohlstreifen in der Sauce etwa 1 Minute erhitzen und mit Salz, Pfeffer und Sambal Oelek pikant abschmecken.

9. Den Kohl auf einer Platte anrichten und die Hähnchenkeulen darauf legen. Die Pilze mit der Sauce dazu servieren.

Hühnerbrust mit Mandeln, Litschis und Mango

Zubereitungszeit: ca. 3/4 Stunden

Sie benötigen für 4 Portionen:

400 g Hühnerbrust
1 TL thailändisches Geflügelgewürz
1 EL Reismehl oder Kartoffelstärke
120 g Litschis
2 rote Chilischoten
1 Karotte
2 Knoblauchzehen
2 Schalotten
1 Mango
ca. 1/4 l Erdnußöl
50 g geschälte Mandeln
1 EL braunen Rohrzucker
1/2 TL Honig
1 EL Rotweinessig
1/8 l Geflügelfond
3 EL Fischsauce
12 Blätter Koriander

So wird's gemacht:

1. Die Hühnerbrust quer zur Faser in feine Streifen schneiden. Das Geflügelgewürz mit 1 1/2 Eßlöffeln Mehl oder Stärke mischen und die Streifen darin mehrmals wenden.

2. Die Litschis schälen, halbieren und entkernen. Die Chilischoten halbieren, entkernen und in feine Streifen schneiden. Die Karotte schälen und in feine Scheiben schneiden. Die Knoblauchzehen schälen und ebenfalls in feine Scheiben schneiden.

3. Die Schalotten schälen, halbieren und in feine Streifen schneiden. Die Mango waschen, schälen und das Fruchtfleisch in langen, breiten Streifen vom Stein abschneiden.

4. Dann 1 Eßlöffel Öl im Wok erhitzen, ihn damit ausschwenken und das Öl wieder abgießen. Diesen Vorgang einmal wiederholen.

5. Den Wok mit der Hälfte des restlichen Öls erhitzen und die Hühnerbruststreifen darin in etwa 2 Minuten knusprig braten. Dann herausnehmen und beiseite legen. Das Öl abgießen.

6. Das restliche Öl in den Wok geben und Mandeln, Knoblauch, Chilischoten, Schalotten und Karotten etwa 1 Minute darin braten.

7. Den Zucker und den Honig dazugeben und das Gemüse kurz karamelisieren. Mit dem Essig, dem Geflügelfond und der Fischsauce ablöschen und alles aufkochen lassen. Das restliche Mehl oder die Stärke mit etwas kaltem Geflügelfond anrühren, unter das Gemüse schwenken und alles aufkochen lassen.

8. Die Litschis, das Fleisch und den Koriander dazugeben, alles kurz erhitzen und das Gericht auf einer tiefen Platte anrichten. Die Mangospalten etwa 10 Sekunden im Wok ohne Ölzugabe schwenken und das Gericht damit garnieren.

Hähnchen mit Knoblauch

Marinierzeit: ca. 6 Stunden
Zubereitungszeit: ca. 25 Minuten

Sie benötigen für 4 Portionen:

2 kleine, frische Hähnchen à 800 g
8 Knoblauchzehen
1 Zweig Rosmarin
½ l trockenen Weißwein
etwas Olivenöl
Salz, weißen Pfeffer aus der Mühle
1 Eisbergsalat
1 Bund glatte Petersilie
ca. ⅛ l Erdnußöl
80 g kalte Butter

So wird's gemacht:

1. Die Hähnchen innen und außen waschen, trockentupfen und dann halbieren.

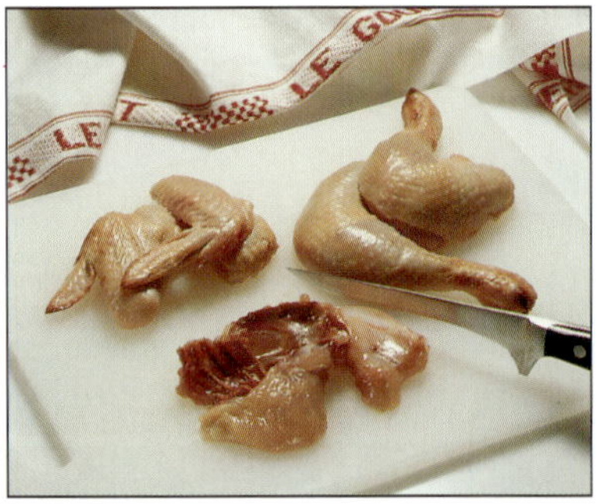

2. Die Keulen und die Flügel vom Rumpf abtrennen und mit einem Messer alle restlichen Teile zusammen mit den Knochen in 5 cm große Stücke schneiden.

3. Die Knoblauchzehen schälen und fein hacken. Den Rosmarin waschen. In einer Schüssel Weißwein, Olivenöl, Rosmarin, Knoblauch, Salz und Pfeffer verrühren und die Hähnchenteile darin etwa 6 Stunden zugedeckt im Kühlschrank marinieren.

4. Den Eisbergsalat verlesen, waschen und gut abtropfen lassen. Die Petersilie waschen und fein hacken.

5. Die Hähnchenstücke gut abtropfen lassen. Die Marinade dabei auffangen und durch ein Sieb passieren.

6. Nun 1 Eßlöffel Öl im Wok erhitzen, ihn damit ausschwenken und das Öl wieder abgießen. Diesen Vorgang einmal wiederholen.

7. Dann etwas Öl im Wok erhitzen und die Hähnchenteile darin in etwa 5 Minuten braun braten. Herausnehmen und warm stellen. Das Öl abgießen.

8. Die Marinade etwa 1 Minute im Wok kochen lassen und die Petersilie dazugeben. Die Butter in kleinen Flöckchen mit einem Schneebesen zügig einrühren. Die Sauce darf dabei nicht mehr kochen! Dann die Sauce in einer vorgewärmten Schüssel warm stellen.

9. Noch einmal etwas Öl im Wok erhitzen und den Eisbergsalat darin kurz andünsten, dann pfeffern und salzen. Zum Schluß den Salat auf einer Platte anrichten, die Hähnchenteile darauf verteilen und mit der Sauce übergießen.

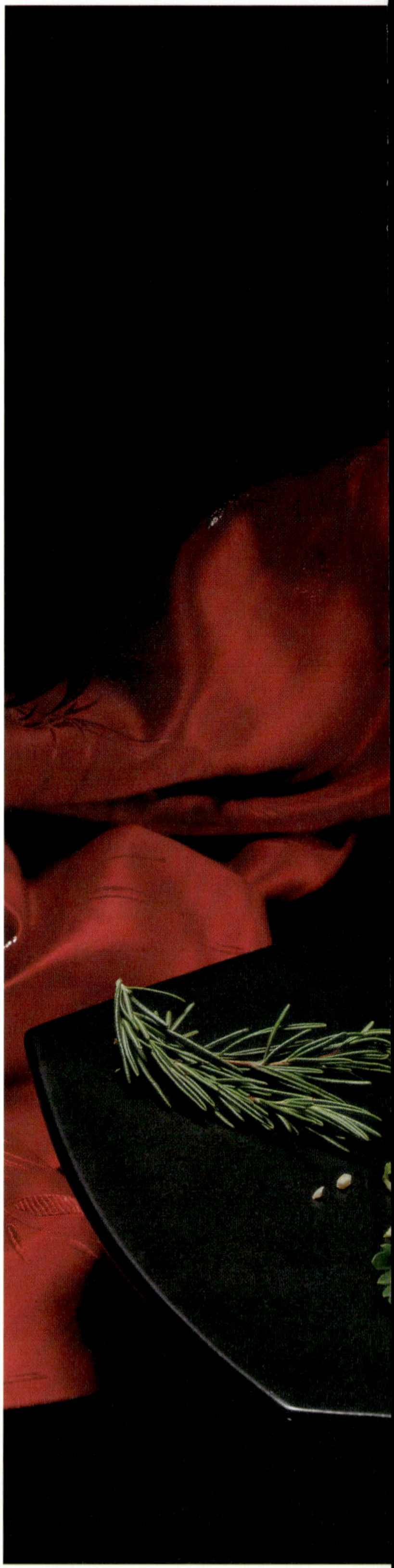

Maispoularde mit schwarzen und weißen Pilzen

Zubereitungszeit: ca. 3/4 Stunden

Sie benötigen für 4 Portionen:

1 Maispoularde (ca. 1,2 kg)
2 Frühlingszwiebeln
4 gelbe Chilischoten
4 Stangen Zitronengras
5 g Gelbwurz oder etwas Kurkumapulver
20 g junge Ingwerwurzel
50 g getrocknete schwarze Morcheln
50 g getrocknete weiße Morcheln
1 Zweig Koriander
1½ l Geflügelbrühe oder Geflügelfond
6 Zitronenblätter oder etwas abgeriebene Limettenschale
1–2 EL Fischsauce
Saft von ½ Limette

So wird's gemacht:

1. Die Poularde in kleinere Stücke zerteilen, diese waschen und trokkentupfen. Das Fleisch von den Knochen ablösen und von Sehnen und Fett befreien. Dann in 2 cm große Würfel schneiden.

2. Die Frühlingszwiebeln putzen und in 2 cm große Stücke schneiden. Die Chilischoten waschen, halbieren und entkernen. Das Zitronengras waschen und in 2 cm große Stücke schneiden.

3. Das Gelbwurz waschen und kleinschneiden. Den Ingwer schälen und in feine Scheiben schneiden. Die Pilze waschen und abtropfen lassen. Den Koriander waschen und die Blätter von den Stielen zupfen.

4. Die Geflügelbrühe oder den Geflügelfond im Wok erhitzen. Die Frühlingszwiebeln, die Chilischote, das Zitronengras, den Gelbwurz oder etwas Kurkumapulver, den Ingwer und die Pilze hineingeben und alles etwa 20 Minuten langsam köcheln lassen.

5. Das Poulardenfleisch und die Zitronenblätter sowie die Limettenschale hinzufügen und bei kleiner Hitze 3 bis 5 Minuten in dem Sud ziehen lassen.

6. Zuletzt den Koriander dazugeben und das Gericht mit der Fischsauce und dem Limettensaft abschmecken.

Entenbrust in grünem Curry

Zubereitungszeit: ca. 3/4 Stunden

Sie benötigen für 4 Portionen:

2 Entenbrüste à 200 g
Salz
weißen Pfeffer aus der Mühle
ca. 1/4 l Erdnußöl
2 grüne Chilischoten
1 Frühlingszwiebel
100 g junge Bambussprossen (frisch oder aus der Dose)
8 Litschis
80 g Makeur
2 Tamarillos (Baumtomaten)
1 TL Honig
1 TL Weinessig
200 g Kokossahne (siehe Seite 16)
1 TL grüne Currypaste
12 Blätter Basilikum
1 EL Austernsauce

So wird's gemacht:

1. Die Haut der Entenbrüste vorsichtig über Kreuz einritzen und das Fleisch rundherum salzen und pfeffern.
2. Nun 1 Eßlöffel Öl im Wok erhitzen, ihn damit ausschwenken und das Öl wieder abgießen. Diesen Vorgang einmal wiederholen.
3. Die Chilischoten waschen, halbieren, entkernen und in feine Streifen schneiden. Die Frühlingszwiebel waschen, putzen und in Ringe schneiden. Die frischen Bambussprossen von der Außenhaut befreien, in etwa 3 cm große Stücke schneiden, unter fließendem Wasser gründlich waschen und abtropfen lassen. Die Dosenware nur abtropfen lassen und in Stücke schneiden.
4. Die Litschis schälen, halbieren und entkernen. Den Makeur waschen; die Tamarillos schälen und vierteln.
5. Nun 2 Eßlöffel Öl im Wok erhitzen und die Entenbrüste darin 10 bis 15 Minuten braten. (Das Fleisch sollte innen noch rosa sein.) Dann herausnehmen und mit Alufolie zugedeckt warm stellen.
6. Das Öl aus dem Wok abgießen, ihn nochmals mit 1 Eßlöffel Öl ausschwenken und dann das restliche Öl darin erhitzen. Makeur, Chilischoten, Bambussprossen und Frühlingszwiebel zusammen mit Honig und Essig im Wok in etwa 2 Minuten bei mittlerer Hitze unter ständigem Rühren glasig braten.
7. Das Gemüse herausnehmen und beiseite legen. Das Öl aus dem Wok abgießen und ihn mit einem Tuch säubern.
8. Die Kokossahne im Wok aufkochen lassen. Die Currypaste, acht gewaschene Basilikumblätter und die Austernsauce dazugeben und alles verrühren. Das geröstete Gemüse in der Sauce kurz erhitzen und zusammen mit den Litschis etwa 1 Minute köcheln lassen.
9. Das Gemüse zusammen mit der Sauce auf eine tiefe Platte geben. Die Entenbrüste in feine Scheiben schneiden, auf dem Gemüse anrichten und mit den Tamarillos und den restlichen vier Basilikumblättern garnieren.

Entenbrustwürfel mit glasierter Ananas

Marinierzeit: ca. ½ Stunde
Zubereitungszeit: ca. 35 Minuten

Sie benötigen für 4 Portionen:

400 g Entenbrustfilets
1 EL Sojasauce
1 TL Sambal Oelek
⅛ l Reiswein
Salz
weißen Pfeffer aus der Mühle
2 EL Reismehl oder Kartoffelstärke
1 kleine Ananas oder 300 g unge-
süßte Ananasstücke aus der Dose
100 g Karotten
1 grüne Paprikaschote
10 g junge Ingwerwurzel
ca. 6 EL Erdnußöl
1 EL Honig
1 TL Weißweinessig
2 EL Tomatenketchup

So wird's gemacht:

1. Die Entenbrustfilets in etwa 2 cm große Würfel schneiden. In einer Schüssel Sojasauce, Sambal Oelek, 1 Eßlöffel Reiswein, Salz und Pfeffer zu einer Marinade verrühren und die Entenbrustwürfel hineingeben. Das Fleisch mit dem Mehl oder der Stärke bestäuben, alles gut mischen und etwa ½ Stunde marinieren.

2. Inzwischen von der Ananas den Schopf abschneiden, die Frucht sorgfältig schälen, halbieren und den Strunk herausschneiden. Das Fruchtfleisch kleinwürfeln. Die Dosenware nur abtropfen lassen und kleinwürfeln. Die Karotten schälen und in mittelgroße Scheiben schneiden.

3. Die Paprikaschote waschen, halbieren, entkernen und in kleine Würfel schneiden. Den Ingwer schälen und fein hacken.

4. Nun 1 Eßlöffel Öl im Wok erhitzen, ihn damit ausschwenken und das Öl wieder abgießen. Diesen Vorgang einmal wiederholen.

5. Dann etwas Öl im Wok erhitzen und die Entenbrustwürfel darin in 1 Minute knusprig braten. Anschließend herausnehmen und warm stellen.

6. Den Ingwer im Wok etwa 10 Sekunden anrösten, dann den Honig dazugeben und alles mit dem Essig und dem restlichen Reiswein ablöschen.

7. Die Ananaswürfel, die Karottenscheiben, die Paprikawürfel und das Ketchup hinzufügen und alles etwa 2 Minuten in der Sauce glasieren. Zum Schluß das Entenfleisch dazugeben und kurz miterhitzen.

Entenbrust mit weißen Morcheln und Bambus

Zubereitungszeit: ca. 50 Minuten

Sie benötigen für 4 Portionen:

8 getrocknete weiße Morcheln
(Bärentatze)
400 g Entenbrustfilets
Salz
weißen Pfeffer aus der Mühle
2 Schalotten
2 rote Chilischoten
1 Zweig Koriander
150 g Bambussprossen
(frisch oder aus der Dose)
1 Bund Knoblauchgras
ca. 6 EL Erdnußöl
200 g Kokossahne (siehe Seite 16)
1 TL gelbe Currypaste
1 EL Fischsauce
1 EL Speisestärke
1 EL Reiswein

So wird's gemacht:

1. Die Morcheln etwa 10 Minuten in ¼ l heißem Wasser quellen lassen.

2. Inzwischen die Haut der Entenbrustfilets vorsichtig über Kreuz einritzen und das Fleisch salzen und pfeffern.

3. Die Schalotten schälen und in feine Scheiben schneiden. Die Chilischoten waschen, halbieren, entkernen und in Stücke schneiden. Den Koriander waschen und die Blätter von den Stielen zupfen. Die Bambussprossen von der Außenhaut befreien, in 2 cm große Stücke schneiden, waschen und abtropfen lassen. Die Dosenware nur abtropfen lassen und kleinschneiden. Das Knoblauchgras waschen und kleinschneiden.

4. Nun 1 Eßlöffel Öl im Wok erhitzen, ihn damit ausschwenken und das Öl wieder abgießen. Diesen Vorgang einmal wiederholen.

5. Dann etwas Öl im Wok erhitzen und die Entenbrustfilets darin von beiden Seiten etwa 8 Minuten braten. Anschließend herausnehmen und beiseite legen.

6. Die Kokossahne im Wok erhitzen und die abgetropften Morcheln, die Currypaste und die Schalotten darin etwa 5 Minuten köcheln lassen. Chilischoten, Koriander, Knoblauchgras und Fischsauce hineinrühren und alles mit Salz und Pfeffer pikant abschmecken.

7. Die Speisestärke mit dem Reiswein anrühren, die Sauce damit binden und die Bambussprossen dazugeben. Alles nochmals gut verrühren.

8. Die Entenbrustfilets in Scheiben schneiden und in der Sauce etwa 1 Minute ziehen lassen.

羊羔
家禽水牛
汤

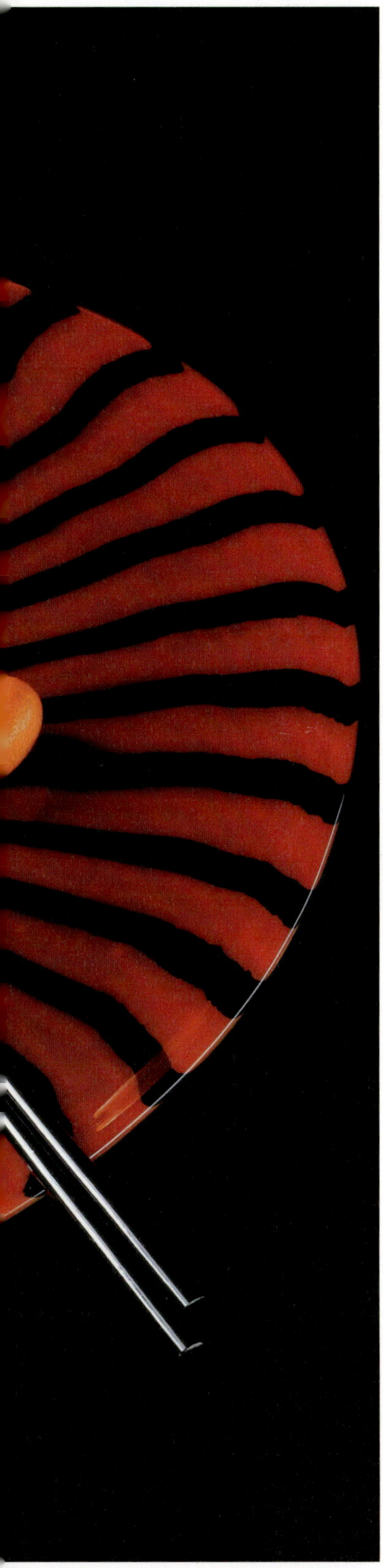

Entenkeulen mit Zwergorangen und Ananas

Zubereitungszeit: ca. 1 Stunde

Sie benötigen für 4 Portionen:

4 Flugentenkeulen à 100 g
Salz
weißen Pfeffer aus der Mühle
200 g Zwergorangen (Kumquats)
1 kleine Ananas oder 300 g ungesüßte Ananasstücke aus der Dose
2–3 Schalotten
eventuell 2 rote Chilischoten
20 g junge Ingwerwurzel
1 Bund Koriander
ca. 1/8 l Erdnußöl
1 EL Honig
1/8 l Orangensaft
Saft von 1/2 Zitrone
2 EL Tomatenketchup

So wird's gemacht:

1. Die Entenkeulen waschen, trokkentupfen, salzen und pfeffern.

2. Die Zwergorangen gut waschen und abtrocknen. Von der Ananas den Schopf abschneiden. Die Frucht sorgfältig schälen, vierteln, den Strunk herausschneiden und das Fruchtfleisch in mittelgroße Würfel schneiden.

3. Die Schalotten schälen und in feine Würfel schneiden. Die Chilischoten waschen, halbieren, entkernen und in feine Streifen schneiden. Den Ingwer schälen und in dünne Scheiben schneiden. Den Koriander waschen und die Blättchen von den Stielen zupfen.

4. Nun 1 Eßlöffel Öl im Wok erhitzen, ihn damit ausschwenken und das Öl wieder abgießen. Diesen Vorgang einmal wiederholen.

5. Dann etwas Öl im Wok erhitzen und die Entenkeulen darin bei mittlerer Hitze etwa 1/4 Stunde braten. Sie dabei mehrmals wenden. Dann herausnehmen und warm stellen. Das Öl abgießen.

6. Noch einmal etwas Öl im Wok erhitzen und die Schalotten, die Chilischoten und den Ingwer darin bei kleiner Hitze glasig braten. Den Honig dazugeben, alles gut verrühren und mit dem Orangen- und dem Zitronensaft ablöschen. Die Flüssigkeit auf die Hälfte einreduzieren lassen.

7. Nun die Ananasstücke, die Zwergorangen und das Ketchup hinzufügen und etwa 3 Minuten mitköcheln lassen.

8. Die Entenkeulen wieder in den Wok geben und bei kleiner Hitze etwa 5 Minuten ziehen lassen. Dann die Korianderblätter dazugeben und das Gericht mit Salz, Pfeffer und je nach Geschmack mit etwas Honig würzen.

Rehrücken mit Brokkoli und Pinienkernen

Zubereitungszeit: ca. 40 Minuten

Sie benötigen für 4 Portionen:

300 g küchenfertiges Rehrückenfilet ohne Knochen
Salz
schwarzen Pfeffer aus der Mühle
Mehl zum Wenden
200 g Brokkoli
80 g mageren Speck
100 g getrocknete Feigen
ca. 1/8 l Erdnußöl
50 g Pinienkerne
80 g Mango Chutney
5 cl halbtrockenen Rotwein
1/8 l Wildfond
1 Stange Zimt
1 Msp. Sambal Oelek
1 Prise geriebene Muskatnuß

So wird's gemacht:

1. Den Rehrücken in etwa 1 cm dicke Scheiben schneiden, sie salzen, pfeffern und in etwas Mehl leicht wenden.
2. Die Brokkoli putzen, in kleine Röschen zerteilen und sie waschen. Die Röschen in kochendem Wasser bißfest blanchieren, abschrecken und abtropfen lassen.
3. Den Speck in breite Streifen schneiden. Die Feigen halbieren.
4. Nun 1 Eßlöffel Öl im Wok erhitzen, ihn damit ausschwenken und das Öl wieder abgießen. Diesen Vorgang einmal wiederholen.
5. Dann etwas Öl im Wok erhitzen und die Fleischscheiben darin unter ständigem Rühren in etwa 1 Minute braun braten. Anschließend herausnehmen und beiseite legen. Das Öl abgießen.
6. Noch einmal etwas Öl im Wok erhitzen und die Speckstreifen sowie die Pinienkerne darin etwa 20 Sekunden bräunen. Das Mango Chutney unter Rühren dazugeben.
7. Den Rotwein, den Wildfond, die Zimtstange und den Sambal Oelek hinzugeben und alles köcheln lassen, bis sich die Flüssigkeit um die Hälfte reduziert hat.
8. Den Rehrücken, die Brokkoliröschen und die Feigen in der Sauce erhitzen und das Gericht mit Muskat, Salz und Pfeffer abschmecken.

Kaninchenkeulen mit Langostinos und Mango

Zubereitungszeit: ca. 40 Minuten

Sie benötigen für 4 Portionen:

4 Kaninchenkeulen à 200 g
2 Knoblauchzehen
Salz
weißen Pfeffer aus der Mühle
Mehl zum Bestäuben
8 Langostinoschwänze
1 Mango
12 frische Litschis
1 große Karotte
20 g junge Ingwerwurzel
2 rote Chilischoten
1 Bund Pfefferminze
ca. 1/8 l Erdnußöl
1 EL Reismehl oder Kartoffelstärke
1 EL süßen Senf
1/8 l Pflaumenwein
Saft von 1 Limette

So wird's gemacht:

1. Aus den Kaninchenkeulen die Knochen auslösen, die Sehnen entfernen und das Fleisch in etwa 3 cm große Stücke schneiden. Die Knoblauchzehen schälen und halbieren. Das Fleisch damit einreiben, es salzen, pfeffern und mit etwas Mehl bestäuben.
2. Die Langostinoschwänze an den Oberseiten der Länge nach einschneiden und die schwarzen Därme entfernen. Die Langostinos waschen, trockentupfen, salzen, pfeffern und ebenfalls mit etwas Mehl bestäuben.
3. Die Mango schälen und das Fruchtfleisch in breiten Streifen vom Stein abschneiden. Die Litschis schälen, entkernen und halbieren. Die Karotte schälen und in feine Scheiben schneiden, ebenso den Ingwer. Die Chilischoten waschen, halbieren und entkernen. Die Pfefferminze waschen und die Blätter von den Stielen zupfen.
4. Nun 1 Eßlöffel Öl im Wok erhitzen, ihn damit ausschwenken und das Öl wieder abgießen. Diesen Vorgang einmal wiederholen.
5. Dann etwas Öl im Wok erhitzen und das Kaninchenfleisch darin von allen Seiten bei mittlerer Hitze etwa 4 Minuten braten. Anschließend herausnehmen und warm stellen. Das Öl abgießen.
6. Noch einmal etwas Öl im Wok erhitzen und die Langostinos zusammen mit den Pfefferminzblättern etwa 30 Sekunden darin braten. Dann herausnehmen und beiseite legen.
7. Die Chilischoten und den Ingwer im Wok leicht anbraten und die Karottenscheiben hinzufügen. Das Gemüse mit dem Mehl oder der Stärke bestäuben und alles gut umrühren. Den Senf mit dem Pflaumenwein verrühren und das Gemüse damit ablöschen.
8. Die Mango, die Litschis und das Kaninchenfleisch im Wok etwa 1 Minute erhitzen. Dann alles aus der Sauce nehmen und auf einer Platte anrichten.
9. Die Langostinos in der Sauce kurz erwärmen, mit dem Limettensaft, Salz und Pfeffer abschmecken und auf dem Fleisch anrichten.

Gerichte mit Fisch

Für die Liebhaber der feinen Fischküche ist das Garen mit dem Wok genau das richtige, denn zarte Fischfilets können im Wok genau auf den Punkt gegart werden. In diesem Kapitel finden sich sowohl Rezepte mit Süßwasser- als auch solche mit Meeresfischen, so daß für jeden Geschmack und für jede Vorliebe etwas dabei ist.

Karpfen mit Kürbisgemüse

Zubereitungszeit: ca. 50 Minuten

Sie benötigen für 4 Portionen:

1 frischer, mittelgroßer Spiegelkarpfen (ca. 1 kg, ausgenommen)
2 Lorbeerblätter
1 Karotte
1 TL getrocknete Lilienblüten
Salz
weißen Pfeffer aus der Mühle
Saft von 1 Zitrone
500 g Kürbis
1 große Birne
1 große Zwiebel
10 g junge Ingwerwurzel
ca. 4 EL Erdnußöl
ca. 2 EL Sesamöl
2 EL Honig
2 EL Obstessig
1 TL grünen Pfeffer
1 Msp. gemahlenen Zimt
1 Msp. gemahlenen Sternanis
einige Blätter Koriander
einige Kapuzinerkresseblüten

So wird's gemacht:

1. Zunächst den Karpfen filetieren.

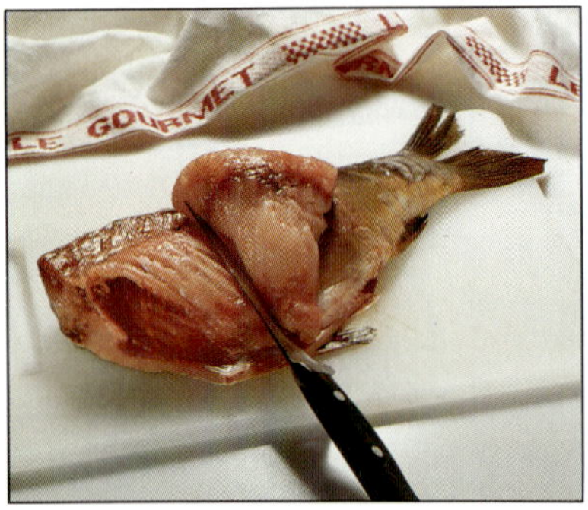

2. Dazu den Fisch waschen, trockentupfen und den Kopf mit einem scharfen Messer hinter den Kiemendeckeln abschneiden. Anschließend mit einem scharfen, großen Messer von vorne entlang der Hauptgräte zum Schwanzende hin das obere Filet vorsichtig ablösen. Den Fisch umdrehen und das zweite Filet

ebenso von der Gräte abschneiden. Die noch vorhandenen Gräten mit einer Pinzette von den Filets entfernen und die Flossen mit einer Schere abschneiden.

3. Die Haut der Filets am Schwanzende lösen und mit einem Messer von den Filets ablösen. Diese kurz waschen und trockentupfen.

4. Die Gräten und den Kopf zusammen mit den Lorbeerblättern, der geschälten Karotte und den Lilienblüten in einem Topf in ½ l Wasser zum Kochen bringen und die Flüssigkeit auf ¼ l einreduzieren lassen. Den entstandenen Karpfensud durch ein Sieb passieren und beiseite stellen.

5. Die Karpfenfilets in etwa 3 cm große Stücke schneiden, sie mit Salz und weißem Pfeffer würzen und mit dem Zitronensaft beträufeln.

6. Den Kürbis, die Birne und die Zwiebel schälen und alles kleinwürfeln. Den Ingwer schälen und in feine Scheiben schneiden.

7. Nun 1 Eßlöffel Erdnußöl im Wok erhitzen, ihn damit ausschwenken und das Öl wieder abgießen. Diesen Vorgang einmal wiederholen.

8. Dann noch etwas Erdnuß- und Sesamöl im Wok erhitzen und nun den Ingwer sowie die Zwiebeln darin hellbraun anbraten. Den Honig dazugeben, das Gemüse damit glasieren und mit dem Essig ablöschen.

9. Die Kürbis- und die Birnenwürfel sowie den grünen Pfeffer im Wok kurz anbraten, mit dem Karpfensud ablöschen und alles etwa 1 Minute kochen lassen. Die Fischstücke in den Wok geben und das Ganze etwa 2 Minuten ziehen lassen.

10. Das Gericht mit Zimt, Sternanis und Salz abschmecken und mit den gewaschenen Korianderblättern sowie mit den Kapuzinerkresseblüten garnieren.

Forellenfilets in Zitronensauce

Zubereitungszeit: ca. 35 Minuten

Sie benötigen für 4 Portionen:

3 frische, ausgenommene Forellen
Salz
weißen Pfeffer aus der Mühle
Saft von 1 Zitrone
50 g getrocknete Mu-err-Pilze
2 Knoblauchzehen
1 gelbe Chilischote
1 Stange Zitronengras
1 Stange Porree
½ Kopf Chinakohl
2 Tamarillos (Baumtomaten)
8 Blätter Koriander
12 Blätter Basilikum
8 Zitronenblätter oder etwas
abgeriebene Limettenschale
ca. 6 EL Sesamöl
1 EL rosa Pfefferkörner
1 TL Shrimpspaste
1 EL Fischsauce

So wird's gemacht:

1. Die Forellen waschen, filetieren, entgräten und häuten (siehe dazu Rezept »Karpfen mit Kürbisgemüse«, Seite 86). Die Köpfe und die Gräten beiseite legen. Die Forellenfilets in 3 cm große Stücke schneiden, salzen und pfeffern und mit dem Zitronensaft beträufeln. Die Baumpilze etwa ¼ Stunde in lauwarmem Wasser quellen lassen.

2. Die Knoblauchzehen schälen, die Chilischote waschen, das Zitronengras waschen und in Stücke schneiden. Alles zusammen mit den Forellenkarkassen (Köpfe und Gräten) in einem Topf in 1 l Wasser etwa ½ Stunde bei kleiner Hitze kochen. Den Sud anschließend durch ein Sieb passieren.

3. Den Porree und den Chinakohl putzen, waschen und in etwa 2 cm große Stücke schneiden. Die Tamarillos schälen und achteln. Die Koriander-, die Basilikum- und die Zitronenblätter waschen.

4. Nun 1 Eßlöffel Öl im Wok erhitzen, ihn damit ausschwenken und das Öl wieder abgießen. Diesen Vorgang einmal wiederholen.

5. Dann noch etwas Öl im Wok erhitzen und nun den Porree sowie den Chinakohl darin kurz anbraten. Mit dem Fischsud ablöschen, die Zitronenblätter oder die Limettenschale und die Mu-err-Pilze hinzufügen und alles etwa 1 Minute kochen lassen.

6. Die Forellenfilets, den rosa Pfeffer und den Koriander dazugeben und etwa 1 Minute in der Sauce ziehen lassen. Dann mit der Shrimpspaste, der Fischsauce und etwas Salz abschmecken.

7. Zum Schluß das Gericht mit den Tamarillos und den Basilikumblättern garnieren.

Tip

Garnieren Sie das Gericht mit einigen Streifen gelber Chilischote.

Zanderfilets mit Wirsing und Speck

Zubereitungszeit: ca. 1¼ Stunde

Sie benötigen für 4 Portionen:

700 g Zanderfilets
2 Eiweiß
200 g Crème double
Saft von 1 Zitrone
Salz
weißen Pfeffer aus der Mühle
150 g mageren Speck
1 Kopf Wirsing
3 Schalotten
1 Bund Kerbel
2 EL Erdnußöl
50 g Butterschmalz
½ l Hühnerbrühe oder Kalbsfond
geriebene Muskatnuß

So wird's gemacht:

1. Die Zanderfilets waschen und trockentupfen. 300 g Zanderfilet im Gefrierschrank kurz anfrosten lassen. Dann durch einen Fleischwolf drehen und mit dem Eiweiß und der Crème double mischen. Die Masse mit etwas Zitronensaft, Salz und Pfeffer abschmecken und kalt stellen.

2. Das restliche Zanderfilet in mundgerechte Würfel schneiden, sie salzen, pfeffern, mit etwas Zitronensaft beträufeln und ebenfalls kalt stellen.

3. Den Speck in feine Streifen schneiden. Den Wirsing in kleine Stücke schneiden, waschen und abtropfen lassen. Die Schalotten schälen und fein würfeln. Den Kerbel waschen und die Blätter von den Stielen zupfen.

4. Nun 1 Eßlöffel Öl im Wok erhitzen, ihn damit ausschwenken und das Öl wieder abgießen. Diesen Vorgang einmal wiederholen.

5. Nun das Butterschmalz im Wok erhitzen und den Speck sowie die Schalotten darin kurz anbraten. Den Wirsing dazugeben, die Hühnerbrühe oder den Kalbsfond dazugießen und alles etwa 5 Minuten kochen lassen.

6. Von der Zandermasse mit einem Teelöffel Klößchen abstechen, diese in den Wok geben und etwa 1 Minute mitkochen lassen. Die Fischwürfel hinzufügen und etwa 1 Minute ziehen lassen.

7. Dann das Gericht mit Salz, Pfeffer, Muskat und etwas Zitronensaft abschmecken. Mit Kerbel garnieren.

Zanderstreifen mit Sesam auf Endiviengemüse

Zubereitungszeit: ca. 35 Minuten

Sie benötigen für 4 Portionen:

400 g Zanderfilet
1 EL Sojasauce
½ TL Sambal Oelek
Salz
weißen Pfeffer aus der Mühle
2 Eier
2 EL Kartoffelstärke
80 g Sesamkörner
1 Kopf Endiviensalat
2 Schalotten
1 Bund Kerbel
ca. ⅛ l Erdnußöl
1 TL Weißweinessig
50 g kalte Butter

So wird's gemacht:

1. Die Zanderfilets waschen, trockentupfen und in etwa 3 cm lange Streifen schneiden. Die Sojasauce mit dem Sambal Oelek, Salz und Pfeffer verrühren und die Fischstreifen vorsichtig darin wenden.

2. Die Eier mit der Kartoffelstärke verquirlen und die Fischstücke auch darin wenden. Dann noch in den Sesamkörnern wenden.

3. Den Endiviensalat putzen, in feine Streifen schneiden, waschen und gut abtropfen lassen. Die Schalotten schälen und in feine Würfel schneiden. Den Kerbel waschen und die Blätter von den Stielen zupfen.

4. Nun 1 Eßlöffel Öl im Wok erhitzen, ihn damit ausschwenken und das Öl wieder abgießen. Diesen Vorgang einmal wiederholen.

5. Dann noch etwas Öl im Wok erhitzen und nun die Zanderstücke darin unter ständigem Rühren in etwa 1 Minute braun braten. Sie anschließend herausnehmen und warm stellen. Das Öl abgießen.

6. Noch einmal etwas Öl im Wok erhitzen und die Schalotten darin kurz andünsten. Die Endivienstreifen und den Essig etwa 1 Minute mitdünsten, dann alles salzen und pfeffern.

7. Die Butter in kleinen Stückchen darunterrühren. Den Zander auf dem Gemüse anrichten und mit dem Kerbel garnieren.

Flußaal mit Pflaumen und Wakamealgen

Zubereitungszeit: ca. 40 Minuten

Sie benötigen für 4 Portionen:

- 350 g Aalfilet
- Salz
- schwarzen Pfeffer aus der Mühle
- Saft von 1 Zitrone
- 3 EL Speisestärke
- 20 g getrocknete Wakamealgen
- 1 rote Zwiebel
- 2 Knoblauchzehen
- 1 Bund Koriander
- ca. 6 EL Erdnußöl
- 100 g Trockenpflaumen ohne Steine
- 8 Zitronenblätter oder etwas abgeriebene Limettenschale
- 1 Stück Zimtstange
- 1/8 l Weißwein
- 1 EL Fischsauce

So wird's gemacht:

1. Das Aalfilet waschen, trockentupfen und in 2 cm große Stücke schneiden. Sie salzen, pfeffern, mit dem Zitronensaft beträufeln und zuletzt in der Speisestärke wenden.

2. Die Algen in kaltem Wasser etwa 10 Minuten quellen und dann gut abtropfen lassen.

3. Die Zwiebel und die Knoblauchzehen schälen und beides in feine Scheiben schneiden. Den Koriander waschen und die Blätter von den Stielen zupfen.

4. Nun 1 Eßlöffel Öl im Wok erhitzen, ihn damit ausschwenken und das Öl wieder abgießen. Diesen Vorgang einmal wiederholen.

5. Dann noch etwas Öl im Wok erhitzen und nun die Aalstückchen darin etwa 1 Minute braten. Sie anschließend herausnehmen und beiseite stellen.

6. Die Knoblauch- und die Zwiebelscheiben in dem Fett kurz anbraten. Dann Pflaumen, Zitronenblätter oder Limettenschale, Zimtstange, Koriander und Weißwein hinzufügen und die Sauce etwa 2 Minuten kochen lassen, bis sie sämig wird.

7. Die Aalstückchen und die Algen dazugeben und etwa 1 Minute mitkochen. Das Gericht mit der Fischsauce abschmecken. Zum Schluß die Zimtstange entfernen.

Gerösteter Flußaal mit Gurken und Dill

Zubereitungszeit: ca. 35 Minuten

Sie benötigen für 4 Portionen:

300 g Aalfilet
Salz
schwarzen Pfeffer aus der Mühle
Saft von 1 Zitrone
3 EL Speisestärke
1 Salatgurke
1 Zwiebel
1 Knoblauchzehe
50 g Rosinen
2 EL Weißwein
1 EL Apfelessig
1 Bund Dill
ca. 1/8 l Erdnußöl
1 TL Honig
1 EL mittelscharfen Senf

So wird's gemacht:

1. Die Aalfilets waschen, mit Küchenkrepp trockentupfen und in 2 cm große Stücke schneiden. Dann noch salzen, pfeffern, mit dem Zitronensaft beträufeln und in 2 Eßlöffeln die Speisestärke vorsichtig wenden.

2. Die Gurke schälen, der Länge nach halbieren, mit einem Löffel entkernen und in feine Scheiben schneiden. Die Zwiebel und die Knoblauchzehe schälen und beides in feine Scheiben schneiden. Die Rosinen in dem Weißwein und dem Essig kurz weichen lassen und 1 Eßlöffel Speisestärke hineinrühren. Den Dill waschen und fein hacken. Einige Zweige für die Garnitur aufheben.

3. Nun 1 Eßlöffel Öl im Wok erhitzen, ihn damit ausschwenken und das Öl wieder abgießen. Diesen Vorgang einmal wiederholen.

4. Dann noch etwas Öl im Wok erhitzen und nun die Aalstückchen darin in etwa 1½ Minuten braun braten. Sie anschließend herausnehmen und beiseite stellen. Das Öl aus dem Wok abgießen.

5. Noch einmal etwas Öl im Wok erhitzen und die Zwiebel- sowie die Knoblauchscheiben zusammen mit dem Honig darin 1 Minute glasieren. Die Gurkenscheiben und den gehackten Dill dazugeben und etwa 1 Minute mitziehen lassen.

6. Die eingeweichten Rosinen zusammen mit dem Einlegesud hineinrühren und alles kurz aufkochen lassen. Mit dem Senf sowie etwas Salz und Pfeffer abschmecken.

7. Den Aal im Gemüse kurz erhitzen und das Gericht mit Dill garnieren.

Lachsfilet mit chinesischen Pilzen

Zubereitungszeit: ca. 40 Minuten

Sie benötigen für 4 Portionen:

350 g Lachsfilet
Salz, weißen Pfeffer aus der Mühle
2 EL Sojasauce
Saft von 1 Zitrone
3 EL Speisestärke
200 g frische Shiitakepilze
100 g Champignons
50 g getrocknete schwarze Morcheln
2 Schalotten
100 g Sojabohnenkeimlinge oder
Mungobohnenkeimlinge
1 Bund Koriander
ca. 6 EL Erdnußöl
3 Lorbeerblätter
1 EL Fischsauce
50 g kalte Butter

So wird's gemacht:

1. Das Lachsfilet waschen, trockentupfen und in 2 cm große Würfel schneiden. Sie salzen, pfeffern, mit etwas Sojasauce und dem Zitronensaft beträufeln und in der Speisestärke wenden.

2. Die Shiitakepilze und die Champignons putzen, waschen und halbieren. Die Morcheln etwa 10 Minuten in etwas lauwarmem Wasser quellen lassen. Anschließend herausnehmen und 2 Eßlöffel des Einweichwassers aufheben.

3. Die Schalotten schälen und fein hacken. Die Sojabohnenkeimlinge waschen und gut abtropfen lassen. Den Koriander waschen und die Blätter von den Stielen zupfen. Zwölf für die Garnitur aufheben.

4. Nun 1 Eßlöffel Öl im Wok erhitzen, ihn damit ausschwenken und das Öl wieder abgießen. Diesen Vorgang einmal wiederholen.

5. Dann noch etwas Öl im Wok erhitzen und nun die Lachswürfel darin etwa 1 Minute braten. Sie anschließend herausnehmen und beiseite stellen.

6. Die Schalotten in den Wok geben und ganz kurz andünsten. Dann alle Pilze dazugeben, kurz anbraten und zusammen mit dem Einweichwasser etwa 2 Minuten kochen lassen.

7. Die Sojabohnenkeimlinge, die Lorbeerblätter und den Koriander hinzufügen und etwa ½ Minute mitkochen. Alles mit der Fisch- und etwas Sojasauce sowie mit Salz und Pfeffer abschmecken und die Butter in Stückchen darunterrühren.

8. Den Lachs in dem Pilzgemüse noch einmal kurz erhitzen und das Gericht mit den Korianderblättern garnieren.

Lachsfilet in Karottengemüse

Zubereitungszeit: ca. 35 Minuten

Sie benötigen für 4 Portionen:

350 g Lachsfilet
Salz
weißen Pfeffer aus der Mühle
Saft von 1 Zitrone
3 EL Speisestärke
1 große Zwiebel
300 g Karotten
1 Bund glatte Petersilie
1 Bund Kerbel
ca. 6 EL Erdnußöl
1 EL Zucker
1/8 l Geflügelfond
1 EL Apfelessig
50 g kalte Butter

So wird's gemacht:

1. Das Lachsfilet waschen, trockentupfen und in 2 cm große Würfel schneiden. Sie salzen, pfeffern, mit dem Zitronensaft beträufeln und in 2 Eßlöffeln Speisestärke wenden.

2. Die Zwiebel und die Karotten schälen und beides in feine Würfel schneiden. Die Petersilie waschen und fein hacken. Den Kerbel waschen und trockentupfen.

3. Nun 1 Eßlöffel Öl im Wok erhitzen, ihn damit ausschwenken und das Öl wieder abgießen. Diesen Vorgang einmal wiederholen.

4. Dann noch etwas Öl im Wok erhitzen und nun die Lachswürfel von allen Seiten braun braten. Sie anschließend herausnehmen und beiseite stellen.

5. Die Zwiebel- und die Karottenwürfel zusammen mit dem Zucker in den Wok geben und kurz glasieren. Dann mit dem Geflügelfond ablöschen und etwa 2 Minuten kochen lassen.

6. Die restliche Speisestärke mit dem Essig anrühren und die Sauce damit binden. Alles mit Salz und Pfeffer abschmecken und aufkochen lassen.

7. Die Butter in Stückchen in das nicht mehr kochende Gemüse rühren. Die Lachswürfel und die gehackte Petersilie kurz im Gemüse erwärmen und das Gericht mit dem Kerbel garnieren.

Lachs in rotem Curry mit grünem Paprika

Zubereitungszeit: ca. 35 Minuten

Sie benötigen für 4 Portionen:

400 g Lachsfilet
Salz
weißen Pfeffer aus der Mühle
1 EL Sojasauce
2 EL Speisestärke
2 grüne Paprikaschoten
1 rote Zwiebel
1 Knoblauchzehe
1 Zweig Koriander
ca. 6 EL Erdnußöl
200 g Kokossahne (siehe Seite 16)
1 EL rote Currypaste
1 TL rote Pfefferkörner
1 TL Fischsauce

So wird's gemacht:

1. Das Lachsfilet waschen, trockentupfen und in etwa 3 cm große Würfel schneiden. Sie salzen, pfeffern, mit der Sojasauce beträufeln und in der Speisestärke leicht wenden.

2. Die Paprikaschoten waschen, halbieren, entkernen und in kleine Rauten schneiden. Die Zwiebel und die Knoblauchzehe schälen und beides in kleine Würfel schneiden. Den Koriander waschen und die Blätter von den Stielen zupfen.

3. Nun 1 Eßlöffel Öl im Wok erhitzen, ihn damit ausschwenken und das Öl wieder abgießen. Diesen Vorgang einmal wiederholen.

4. Dann noch etwas Öl im Wok erhitzen und nun die Lachswürfel darin etwa 1 Minute leicht bräunen. Sie anschließend herausnehmen und beiseite stellen.

5. Die Paprikastücke sowie die Zwiebel- und die Knoblauchwürfel in den Wok geben und kurz anbraten. Kokossahne, Currypaste, Pfefferkörner und Koriander hinzufügen und alles etwa 2 Minuten leicht köcheln lassen. Mit der Fischsauce würzig abschmecken.

6. Die Lachswürfel etwa 1 Minute in der Sauce ziehen lassen, dann zusammen mit dem Gemüse herausnehmen und beides auf einer Platte anrichten.

7. Die Sauce mit dem Pürierstab kurz aufschlagen und über das Gericht gießen.

Hechtfilet mit Stielmus

Zubereitungszeit: ca. 40 Minuten

Sie benötigen für 4 Portionen:

600 g Hechtfilet
Salz
weißen Pfeffer aus der Mühle
Saft von 1 Zitrone
3 EL Speisestärke
800 g Stielmus (Rübstiel)
100 g mageren Speck
3 Schalotten
100 g Kartoffeln
ca. 1/8 l Erdnußöl
50 g Butterschmalz
1/2 l Geflügel- oder Kalbsfond
geriebene Muskatnuß
etwas Dill

So wird's gemacht:

1. Die Hechtfilets waschen, trockentupfen und in etwa 3 cm große Stücke schneiden. Diese salzen, pfeffern, mit dem Zitronensaft beträufeln und in der Speisestärke wenden.

2. Das Stielmus waschen und in kleine Stücke schneiden. Den Speck würfeln. Die Schalotten schälen und fein hacken. Die Kartoffeln schälen und in einem Topf gar kochen. Dann durch eine Presse drücken.

3. Nun 1 Eßlöffel Öl im Wok erhitzen, ihn damit ausschwenken und das Öl wieder abgießen. Diesen Vorgang einmal wiederholen.

4. Dann etwas Öl im Wok erhitzen, nun das Butterschmalz hinzufügen und die Speckwürfel sowie die Schalotten darin kurz anbraten. Das Stielmus dazugeben, den Geflügel- oder Kalbsfond angießen und das Ganze 6 bis 8 Minuten kochen lassen.

5. Die durchgepreßten Kartoffeln in das Gemüse einrühren und es mit Salz, Pfeffer und Muskat abschmecken. Das Gemüse aus dem Wok nehmen, auf eine Platte legen und warm stellen. Den Wok reinigen.

6. Noch einmal etwas Öl im Wok erhitzen und die Fischfilets darin in etwa 2 Minuten goldbraun braten. Die Hechtfilets auf dem Stielmus anrichten und mit dem gewaschenen Dill garnieren.

Seezunge mit thailändischem Fingermais

Zubereitungszeit: ca. 35 Minuten

Sie benötigen für 4 Portionen:
300 g Seezungenfilets
Salz
weißen Pfeffer aus der Mühle
Saft von 1 Zitrone
2 EL Speisestärke
200 g frischen Fingermais oder nicht sauer eingelegte Maiskölbchen aus der Dose
1 Stange Porree
100 g Zuckerschoten
1 Stange Zitronengras
5 g junge Ingwerwurzel
8 Blätter Koriander
ca. 6 EL Erdnußöl
1 TL getrocknete Lilienblüten
Zucker
3 EL Hühnerbrühe
1 EL Tomatenketchup
1 EL Sojasauce
1 EL Fischsauce
1 TL grüne Pfefferkörner
8 frische Lilienblüten

So wird's gemacht:

1. Die Seezungenfilets waschen, trockentupfen und in 3 cm große Stücke schneiden. Diese salzen, pfeffern, mit der Hälfte des Zitronensafts beträufeln und in der Speisestärke leicht wenden.

2. Den Mais waschen und abtropfen lassen. Die Dosenware nur abtropfen lassen. Den Porree putzen, waschen und in kleine Stücke schneiden. Die Zuckerschoten waschen und die Fäden abziehen. Das Zitronengras waschen und in dünne Scheiben schneiden. Den Ingwer waschen, schälen und ebenfalls in dünne Scheiben schneiden. Den Koriander waschen.

3. Nun 1 Eßlöffel Öl im Wok erhitzen, ihn damit ausschwenken und das Öl wieder abgießen. Diesen Vorgang einmal wiederholen.

4. Dann noch etwas Öl im Wok erhitzen und nun die Seezungenfilets darin in etwa ½ Minute von allen Seiten goldbraun braten. Sie anschließend herausnehmen und beiseite stellen.

5. Den Porree und den Ingwer im Wok kurz anbraten, den Mais, die Zuckerschoten und die getrockneten Lilienblüten dazugeben und das Ganze leicht zuckern. Dann das Zitronengras, den restlichen Zitronensaft und die Hühnerbrühe hinzufügen und das Ganze etwa 1 Minute kochen lassen.

6. Das Gemüse mit dem Ketchup, der Soja- und der Fischsauce sowie den Pfefferkörnern abschmecken.

7. Die Seezungenfilets in dem Gemüse kurz erwärmen und das Gericht mit dem Koriander und den frischen Lilienblüten garnieren.

Seezunge auf Chinakohl mit Mandeln

Zubereitungszeit: ca. 40 Minuten

Sie benötigen für 4 Portionen:
400 g Seezungenfilets
Salz
weißen Pfeffer aus der Mühle
Saft von 1 Zitrone
ca. 3 EL Speisestärke
2 Eier
60 g Mandelblättchen
1 Kopf Chinakohl
2 Knoblauchzehen
1 Bund glatte Petersilie
ca. ⅛ l Erdnußöl
4 Zitronenblätter oder etwas abgeriebene Limettenschale
100 g Kokossahne (siehe Seite 16)
2 EL Reisschnaps
1 EL Fischsauce

So wird's gemacht:

1. Die Seezungenfilets waschen, trockentupfen und in etwa 4 cm große Stücke schneiden. Diese salzen, pfeffern, mit dem Zitronensaft beträufeln und in etwas Speisestärke wenden.

2. Die Eier mit 1 Eßlöffel Speisestärke und etwas Salz verquirlen und die Fischstücke auch darin wenden. Dann in den Mandelblättchen wenden.

3. Den Chinakohl putzen, waschen und in etwa 1 cm große Stücke schneiden. Den Kohl in kochendem Salzwasser etwa ½ Minute blanchieren, dann abschrecken und gut abtropfen lassen. Die Knoblauchzehen schälen und in feine Scheiben schneiden. Die Petersilie waschen und die Blätter von den Stielen zupfen.

4. Nun 1 Eßlöffel Öl im Wok erhitzen, ihn damit ausschwenken und das Öl wieder abgießen. Diesen Vorgang einmal wiederholen.

5. Dann noch etwas Öl im Wok erhitzen und nun die Knoblauchscheiben zusammen mit den Zitronenblättern oder der Limettenschale darin kurz anbraten. Den Kohl dazugeben und ebenfalls kurz anbraten. Die Kokossahne hinzufügen und alles etwa 1½ Minuten kochen lassen.

6. Die restliche Speisestärke mit dem Reisschnaps anrühren, dazugeben und alles aufkochen lassen. Das Gemüse mit Salz, Pfeffer und der Fischsauce abschmecken. Es anschließend herausnehmen und warm stellen.

7. Den Wok säubern, ihn noch einmal mit 1 Eßlöffel Öl ausschwenken und das Öl wieder abgießen.

8. Erneut etwas Öl im Wok erhitzen und die Seezungenfilets darin in etwa 2 Minuten knusprig braten. Sie anschließend herausnehmen und warm stellen.

9. Die Petersilie kurz im heißen Öl fritieren. Die Seezungenstücke auf dem Kohl anrichten und mit der fritierten Petersilie garnieren.

Rotbarsch süß-sauer mit Wakamealgen

Zubereitungszeit: ca. 35 Minuten

Sie benötigen für 4 Portionen:

300 g Rotbarschfilet
Saft von 2 Limetten
1 EL Sojasauce
Salz
weißen Pfeffer aus der Mühle
3 EL Kartoffelstärke
30 g getrocknete Wakamealgen
2 Knoblauchzehen
20 g junge Ingwerwurzel
100 g Karotten
2 Frühlingszwiebeln
80 g Bambussprossen
(frisch oder aus der Dose)
12 Blätter Koriander
ca. 8 EL Erdnußöl
ca. 2 EL Sesamöl
80 g Ananaswürfel
(frisch oder ungesüßt aus der Dose)
1 EL Honig
2 EL Reiswein
1 EL Fischsauce

So wird's gemacht:

1. Das Rotbarschfilet waschen, trokkentupfen und in etwa 2 cm breite Streifen schneiden. Sie mit der Hälfte des Limettensafts und mit der Sojasauce beträufeln, salzen, pfeffern und mit 2 Eßlöffeln Kartoffelstärke bestäuben.
2. Die Algen etwa 10 Minuten in kaltem Wasser quellen und dann gut abtropfen lassen.
3. Die Knoblauchzehen und den Ingwer schälen und beides fein hakken. Die Karotten schälen und in feine Scheiben schneiden. Die Frühlingszwiebeln putzen, in etwa 2 cm große Stücke schneiden und waschen. Die frischen Bambussprossen von der Außenhaut befreien; die Dosenware nur abtropfen lassen. Die Bambussprossen in Streifen schneiden. Den Koriander waschen und alle Blättchen von den Stielen zupfen.
4. Nun 1 Eßlöffel Erdnußöl im Wok erhitzen, ihn damit ausschwenken und das Öl wieder abgießen. Diesen Vorgang einmal wiederholen.
5. Dann noch etwas Erdnußöl im Wok erhitzen und nun die Fischstreifen darin in einer knappen Minute braun braten. Sie anschließend herausnehmen und beiseite stellen. Das Öl abgießen.
6. Nun etwas Erdnuß- und Sesamöl im Wok erhitzen und den Ingwer sowie den Knoblauch darin kurz anbräunen. Die Karotten, die Frühlingszwiebeln und die Ananaswürfel dazugeben und kurz mitbraten. Den Honig und den restlichen Limettensaft hinzufügen und alles gut verrühren.
7. Dann Fisch, Bambussprossen, Koriander und Algen dazugeben. Die restliche Kartoffelstärke mit dem Reiswein anrühren, die Sauce damit binden und das Ganze mit der Fischsauce abschmecken.

Kabeljau mit Weißkohl

Zubereitungszeit: ca. 40 Minuten

Sie benötigen für 4 Portionen:

1 kg Kabeljaufilet
Salz
weißen Pfeffer aus der Mühle
Saft von 1 Zitrone
1 Kopf Weißkohl (ca. 500 g)
1 große Zwiebel
2 Knoblauchzehen
1 Stange Zitronengras
2 Chilischoten
Selleriegrün
ca. 1/8 l Erdnußöl
2 Lorbeerblätter
1/4 l Hühnerbrühe
1 TL Shrimpspaste
1 EL Sojasauce
8 dünne Scheiben mageren Speck

So wird's gemacht:

1. Das Kabeljaufilet waschen, trokkentupfen und in etwa 5 cm große Stücke schneiden. Sie salzen, pfeffern und mit dem Zitronensaft beträufeln.
2. Den Weißkohl in kleine Stücke schneiden, waschen und abtropfen lassen. Die Zwiebel schälen und in feine Streifen schneiden. Die Knoblauchzehen schälen und in feine Scheiben schneiden. Das Zitronengras waschen und in Stücke schneiden. Die Chilischoten und das Selleriegrün waschen.
3. Nun 1 Eßlöffel Öl im Wok erhitzen, ihn damit ausschwenken und das Öl wieder abgießen. Diesen Vorgang einmal wiederholen.
4. Dann noch etwas Öl im Wok erhitzen und nun die Zwiebeln, die Chilischoten und die Knoblauchscheiben darin kurz anbraten. Den Weißkohl, das Zitronengras und die Lorbeerblätter dazugeben und unter ständigem Rühren etwa 2 Minuten mitbraten. Dann mit der Hühnerbrühe ablöschen und mit der Shrimpspaste und der Sojasauce abschmecken.
5. Die Kabeljaustücke dazugeben und etwa 2 Minuten mitkochen. Danach den Kabeljau und den Kohl auf einer Platte anrichten. Den Wok reinigen.
6. Noch einmal etwas Öl im Wok erhitzen, die Speckscheiben und das Selleriegrün darin kurz fritieren und auf dem Fisch anrichten.

Makrelenfilets mit grünen Bohnen

Zubereitungszeit: ca. 35 Minuten

Sie benötigen für 4 Portionen:

- 3 Makrelen à 350–400 g
- (im Fischgeschäft filetieren lassen)
- Salz
- weißen Pfeffer aus der Mühle
- 2 EL Sojasauce
- Saft von 1 Zitrone
- 3 EL Speisestärke
- 250 g grüne Bohnen
- 2 Fleischtomaten
- 2 Knoblauchzehen
- 2 Schalotten
- 16 Blättchen Basilikum
- ca. 1/8 l Erdnußöl
- 1 EL Fischsauce
- 1 Msp. gemahlenen Sternanis
- 1/2 TL Sambal Oelek

So wird's gemacht:

1. Die Makrelenfilets waschen, trockentupfen und in 2 cm große Stücke schneiden. Sie salzen, pfeffern, mit 1 Eßlöffel Sojasauce und dem Zitronensaft beträufeln und in 2 Eßlöffeln Speisestärke wenden.

2. Die Bohnen putzen, waschen und in kleine Stücke schneiden. Diese in kochendem Salzwasser etwa 2 Minuten blanchieren, abschrecken und abtropfen lassen. Vom Kochwasser 3 Eßlöffel aufheben. Die Tomaten über Kreuz einritzen, kurz überbrühen, abschrecken, enthäuten und die Stielansätze herausschneiden. Die Tomaten halbieren, entkernen und in große Würfel schneiden.

3. Die Knoblauchzehen schälen und in feine Scheiben schneiden. Die Schalotten schälen und fein hacken. Das Basilikum waschen, die Blätter von den Stielen zupfen. Acht für die Garnitur aufheben, die restlichen fein hacken.

4. Nun 1 Eßlöffel Öl im Wok erhitzen, ihn damit ausschwenken und das Öl wieder abgießen. Diesen Vorgang einmal wiederholen.

5. Dann noch etwas Öl im Wok erhitzen und nun die Fischstückchen darin in etwa 1 1/2 Minuten von allen Seiten braun braten. Sie anschließend herausnehmen und beiseite stellen. Dann das Öl aus dem Wok abgießen.

6. Noch einmal etwas Öl im Wok erhitzen und die Knoblauchscheiben und die Schalotten darin etwa 10 Sekunden anbraten. Die Tomaten und die Bohnen hineingeben. 1 Eßlöffel Speisestärke in das Bohnenwasser einrühren, zum Gemüse geben und alles aufkochen lassen.

7. Das Gemüse mit 1 Eßlöffel Sojasauce, der Fischsauce, dem Sternanis, dem Sambal Oelek und dem gehackten Basilikum abschmecken. Die Makrelen in dem Gemüse kurz erhitzen und das Gericht mit den Basilikumblättern garnieren.

Makrelenfilets mit schwarzen Bohnen

Quellzeit für die Bohnen: ca. 12 Stunden oder über Nacht
Zubereitungszeit: ca. 40 Minuten

Sie benötigen für 4 Portionen:

120 g getrocknete, schwarze Bohnen
Salz
3 Makrelen à 350–400 g
(im Fischgeschäft filetieren lassen)
schwarzen Pfeffer aus der Mühle
1 EL Sojasauce
Saft von 1 Zitrone
3 EL Speisestärke
1 Stange Porree
2 Fleischtomaten
1 Bund Bohnenkraut
1 gelbe Chilischote
3 Knoblauchzehen
ca. 6 EL Erdnußöl
ca. 4 EL Sesamöl
1 EL Fischsauce
1 EL Shrimpspaste
eventuell einige Zitronenscheiben

So wird's gemacht:

1. Die Bohnen über Nacht in kaltem Wasser quellen lassen. Dann abgießen und 3 Eßlöffel des Wassers aufheben.

2. Die Bohnen in Salzwasser etwa ½ Stunde bißfest garen, dann abschütten und abtropfen lassen.

3. Die Makrelenfilets waschen, trockentupfen und in 2 cm große Stücke schneiden. Diese salzen, pfeffern, mit der Sojasauce und dem Zitronensaft beträufeln und in 2 Eßlöffeln Speisestärke wenden.

4. Den Porree putzen, in 1 cm große Ringe schneiden und waschen. Die Fleischtomaten über Kreuz einritzen, kurz überbrühen, abschrecken, enthäuten und die Stielansätze herausschneiden. Die Tomaten halbieren, entkernen und in feine Würfel schneiden.

5. Das Bohnenkraut waschen und die Blätter von den Stielen zupfen. Einige für die Garnitur aufheben, die restlichen fein hacken. Die Chilischote waschen, halbieren, entkernen und in feine Streifen schneiden. Die Knoblauchzehen schälen und fein hacken.

6. Nun 1 Eßlöffel Erdnußöl im Wok erhitzen, ihn damit ausschwenken und das Öl wieder abgießen. Diesen Vorgang einmal wiederholen.

7. Dann noch etwas Erdnußöl im Wok erhitzen und nun die Makrelen darin in etwa 1½ Minuten braun braten. Sie anschließend herausnehmen und beiseite stellen. Das Öl abgießen.

8. Nun etwas Sesamöl im Wok erhitzen und den Knoblauch, den Porree und die Chilischoten darin etwa ½ Minute anbraten. Die Bohnen, das gehackte Bohnenkraut und die Tomaten dazugeben. 1 Eßlöffel Speisestärke mit dem Bohnenwasser anrühren, in das Gemüse geben und alles etwa 1 Minute kochen lassen.

9. Das Gemüse mit der Fischsauce und der Shrimpspaste abschmecken. Die Makrelen kurz darin erhitzen und das Gericht eventuell mit den Zitronenscheiben und dem restlichen Bohnenkraut garnieren.

Seeteufel mit Ingwer und Pak Soi

Zubereitungszeit: ca. 35 Minuten

Sie benötigen für 4 Portionen:
380 g Seeteufelfilets
Salz
weißen Pfeffer aus der Mühle
200 g Pak Soi oder Chinakohl
1 rote Zwiebel
20 g junge Ingwerwurzel
etwas Kerbel
ca. 6 EL Erdnußöl
2 getrocknete, rote Chilischoten
1 TL Honig
2 EL Tomatenketchup
1 EL Reisessig
2 EL halbtrockenen Weißwein
1 EL Sojasauce
1 EL Fischsauce
1 EL Austernsauce
1 TL Shrimpspaste

So wird's gemacht:

1. Die Seeteufelfilets waschen, trokkentupfen, in etwa 2 cm große Stücke schneiden, salzen und leicht pfeffern.

2. Den Kohl putzen, waschen und in kleine Stücke schneiden. Die Zwiebel schälen und fein hacken. Den Ingwer schälen und in feine Scheiben schneiden. Den Kerbel waschen.

3. Nun 1 Eßlöffel Öl im Wok erhitzen, ihn damit ausschwenken und das Öl wieder abgießen. Diesen Vorgang einmal wiederholen.

4. Dann noch etwas Öl im Wok erhitzen und nun die Ingwerscheiben darin kurz anbraten. Die Zwiebeln, den Kohl und die Chilischoten dazugeben und etwa 1 Minute mitbraten. Den Honig und das Ketchup hineinrühren und alles mit dem Essig und dem Weißwein ablöschen.

5. Die Seeteufelstücke zum Gemüse geben und etwa 2 Minuten mitkochen lassen. Zum Schluß das Gericht mit Soja-, Fisch- und Austernsauce sowie mit Shrimpspaste abschmekken und mit dem Kerbel garnieren.

Schollenfilets mit Speck und Senfgurken

Zubereitungszeit: ca. ½ Stunde

Sie benötigen für 4 Portionen:

300 g Schollenfilets
Salz
weißen Pfeffer aus der Mühle
3 EL Speisestärke
1 Zwiebel
8 Blätter Borretsch
1 Zweig Dill
200 g Senfgurken
100 g mageren Speck
1 TL Shrimpspaste
3 EL Hühnerbrühe
ca. 6 EL Erdnußöl
1 TL Honig
100 g süß-sauer eingelegte Perlzwiebeln
80 g ausgelöste Shrimps
20 Borretschblüten

So wird's gemacht:

1. Die Schollenfilets waschen, trockentupfen und in etwa 3 cm große Stücke schneiden. Diese salzen, pfeffern und in 2 Eßlöffeln Speisestärke wenden.

2. Die Zwiebel schälen und in feine Würfel schneiden. Den Borretsch und den Dill waschen und fein hacken. Die abgetropften Senfgurken in kleine Stücke schneiden. Den Speck in 1 cm große Würfel schneiden. Die Shrimpspaste und 1 Eßlöffel Speisestärke in die Hühnerbrühe einrühren.

3. Nun 1 Eßlöffel Öl im Wok erhitzen, ihn damit ausschwenken und das Öl wieder abgießen. Diesen Vorgang einmal wiederholen.

4. Dann noch etwas Öl im Wok erhitzen und nun die Schollenfilets darin bei großer Hitze in etwa ½ Minute braten. Sie anschließend herausnehmen und beiseite stellen.

5. Den Honig in den Wok geben und die Zwiebel sowie den Speck darin glasieren. Die Senfgurken, die Perlzwiebeln und den Borretsch hinzufügen und kurz mitglasieren. Die angerührte Geflügelbrühe angießen und alles aufkochen lassen.

6. Die Schollenfilets und die Shrimps kurz im Wok miterhitzen und das Gericht mit dem Dill und den Borretschblüten garnieren.

Fischeintopf mit Gemüse

Zubereitungszeit: ca. 1 Stunde

Sie benötigen für 4 Portionen:

ca. 180 g Forellenfilet
ca. 180 g Rotbarschfilet
ca. 180 g Dorschfilet
1 Stange Porree
2 Knoblauchzehen
1 Stange Zitronengras
2 Fleischtomaten
1 Zweig Koriander
8 Blätter Basilikum
1 EL Shrimpspaste
1 EL Fischsauce
1 EL Speisestärke
2 cl trockenen Sherry
25 g getrocknete Wakamealgen
ca. 6 EL Erdnußöl
1 TL getrocknete Lilienblüten
1 getrocknete, rote Chilischote
½ l Fischfond
½ TL grünen Pfeffer
100 g ausgelöste, frische Krabben
Salz

So wird's gemacht:

1. Die Fischfilets waschen, trockentupfen und in etwa 3 cm große Stücke schneiden.
2. Den Porree putzen, waschen und in 1 cm dicke Ringe schneiden. Die Knoblauchzehen schälen und in feine Scheiben schneiden. Das Zitronengras waschen und in Stücke schneiden. Die Tomaten waschen, über Kreuz einritzen, kurz überbrühen, abschrecken, enthäuten und die Stielansätze herausschneiden. Die Tomaten halbieren, entkernen und in feine Würfel schneiden.
3. Den Koriander und das Basilikum waschen und beides fein hacken. Die Shrimpspaste, die Fischsauce und die Speisestärke in den Sherry einrühren. Die Algen mit einer Schere in kleine Stücke schneiden.
4. Nun 1 Eßlöffel Öl im Wok erhitzen, ihn damit ausschwenken und das Öl wieder abgießen. Diesen Vorgang einmal wiederholen.
5. Dann noch etwas Öl im Wok erhitzen und nun Knoblauchscheiben, Porree, Zitronengras, Lilienblüten und die Chilischote darin kurz anbraten. Dann alles mit dem Fischfond ablöschen. Den angerührten Sherry dazugeben und alles etwa 2 Minuten kochen lassen.
6. Fisch- und Tomatenwürfel, Algen, grünen Pfeffer, Koriander und Basilikum hinzufügen und alles knapp 2 Minuten ziehen lassen.
7. Die Krabben dazugeben und den Eintopf mit etwas Salz abschmecken.

Allerlei aus dem Meer mit Frühlingsgemüse

Zubereitungszeit: ca. 40 Minuten

Sie benötigen für 4 Portionen:

100 g Seezungenfilet
150 g Rotbarschfilet
Salz
weißen Pfeffer aus der Mühle
Saft von 1 Zitrone
2 EL Speisestärke
100 g ausgelöste Kaisergranate oder Krevetten
50 g Passepierre
24 Kirschtomaten
2 Frühlingszwiebeln
2 Knoblauchzehen
1 Stück junge Ingwerwurzel
1 Stange Zitronengras
18 Blätter rotes Basilikum
8 Zitronenblätter
1 gelbe Chilischote
⅛ l Tomatensaft
1 EL Tomatenmark
1 EL Fischsauce
1 EL Shrimpspaste
Zucker
ca. 6 EL Erdnußöl

So wird's gemacht:

1. Die Fischfilets waschen, trockentupfen und in 2 cm große Stücke schneiden. Diese salzen, pfeffern, mit dem Zitronensaft beträufeln und in der Speisestärke wenden. Die Kaisergranate oder die Krevetten waschen.
2. Die Passepierre waschen. Die Kirschtomaten waschen und die Stengelansätze herausschneiden. Die Frühlingszwiebeln putzen, waschen und in kleine Stücke schneiden. Die Knoblauchzehen schälen und in feine Scheiben schneiden.
3. Den Ingwer schälen und fein hakken. Das Zitronengras waschen und in 1 cm große Stücke schneiden. Das Basilikum waschen und acht Blätter für die Garnitur aufheben. Die restlichen in feine Streifen schneiden. Die Chilischote waschen, halbieren, entkernen und kleinschneiden.
4. Den Tomatensaft mit Tomatenmark, Fischsauce, Shrimpspaste und einer Prise Zucker gut verrühren.
5. Nun 1 Eßlöffel Öl im Wok erhitzen, ihn damit ausschwenken und das Öl wieder abgießen. Diesen Vorgang einmal wiederholen.
6. Dann noch etwas Öl im Wok erhitzen und nun die Fischstückchen darin in etwa ½ Minute von allen Seiten goldbraun braten. Sie anschließend herausnehmen und beiseite stellen.
7. Die Knoblauchscheiben, die Chilischote und den Ingwer im Wok kurz anbraten, die Frühlingszwiebeln dazugeben und etwa 20 Sekunden mitbraten. Die Kirschtomaten, das Basilikum, das Zitronengras und den angerührten Tomatensaft hinzufügen und alles nochmals ½ Minute kochen lassen.
8. Die Fischwürfel, die Algen und die Kaisergranate oder die Krevetten kurz im Gemüse erwärmen und das Gericht mit den Zitronenblättern und den restlichen Basilikumblättern garnieren.

Gerichte mit Meeresfrüchten

In Begleitung von feinen Saucen lassen sich Meeresfrüchte immer wieder aufs neue zu erlesenen Gerichten kombinieren. Ob Hummerkrabben, Muscheln oder Tintenfisch, wichtig ist, daß die Zutaten stets frisch sind, denn nur dann bietet das Kochergebnis einen vollen Genuß.

Tintenfisch mit buntem Paprika

Zubereitungszeit: ca. 35 Minuten

Sie benötigen für 4 Portionen:

500 g frische Tintenfische (Kalmare)
Salz
weißen Pfeffer aus der Mühle
Saft von 1 Zitrone
3 EL Speisestärke
je 100 g rote, gelbe und grüne Paprikaschoten
1 große Zwiebel
2 Knoblauchzehen
2 Fleischtomaten
1 EL Tomatenketchup
1 EL Fischsauce
1 TL Sambal Manis
½ TL Sambal Oelek
12 Blätter Koriander
1 Bund Basilikum
ca. 6 EL Erdnußöl
4 Zitronenblätter oder etwas abgeriebene Limettenschale

So wird's gemacht:

1. Zunächst die Tintenfische vorbereiten.

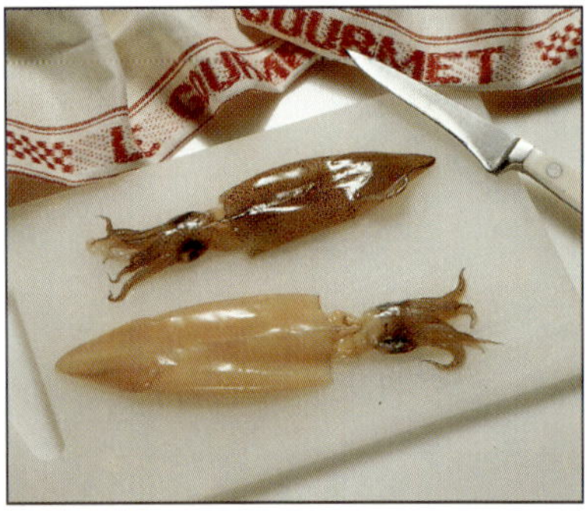

2. Dazu die Tintenfische unter fließendem Wasser gründlich waschen und von den Körpern die Haut abziehen.

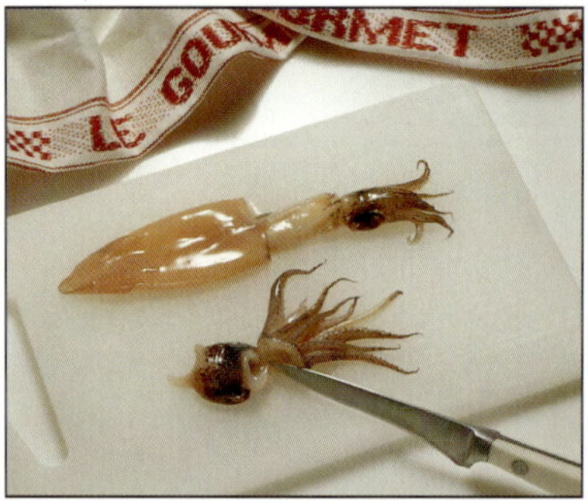

3. Die Fangarme in die Hand nehmen und sie aus den Körperbeuteln ziehen. Sie dann mit einem scharfen Messer knapp über den Augen so von den Köpfen abtrennen, daß sie durch einen schmalen Ring verbunden bleiben. Die Fangarme in der Mitte von unten greifen, die Kauwerkzeuge nach oben herausdrücken und wegwerfen.

4. Die transparenten Fischbeine aus den Körpern entfernen. Dann alles waschen und die Flossen mit einem Ruck von den Körpern abziehen.

5. Das Fleisch in feine Ringe schneiden, salzen, pfeffern, mit dem Zitronensaft beträufeln und in 2 Eßlöffeln Speisestärke wenden.

6. Die Paprikaschoten waschen, putzen, entkernen und in mittelgroße Würfel schneiden. Die Zwiebel und die Knoblauchzehen schälen und beides in feine Streifen schneiden.

7. Die Fleischtomaten über Kreuz einritzen, kurz überbrühen, abschrekken und enthäuten. Die Stielansätze entfernen und das Fruchtfleisch grob zerkleinern. Die Tomaten zusammen mit Ketchup, Fischsauce, Sambal Manis, Sambal Oelek und 1 Eßlöffel Speisestärke pürieren. Den Koriander und das Basilikum waschen und die Blätter von den Stielen zupfen.

8. Nun 1 Eßlöffel Öl im Wok erhitzen, ihn damit ausschwenken und das Öl wieder abgießen. Diesen Vorgang einmal wiederholen.

9. Dann noch etwas Öl im Wok erhitzen und nun die Tintenfischringe darin etwa 2 Minuten braten. Die Knoblauch- und die Zwiebelstreifen hinzufügen, nach etwa ½ Minute die Paprikawürfel und die Zitronenblätter oder die Limettenschale dazugeben und alles nochmals etwa ½ Minute braten.

10. Das Tomatenpüree und den Koriander in den Wok geben und alles noch 1 Minute kochen lassen. Das Gericht mit Basilikum garnieren.

Hummerkrabben mit Kaisoalgen

Zubereitungszeit: ca. 40 Minuten

Sie benötigen für 4 Portionen:

- 20 g getrocknete Kaisoalgen
- 12 frische Hummerkrabben à 50–70 g
- Salz
- weißen Pfeffer aus der Mühle
- 2 EL Reismehl oder Kartoffelstärke
- 2 Frühlingszwiebeln
- 2 Tamarillos (Baumtomaten)
- 5 g junge Ingwerwurzel
- 1 Stange Zitronengras
- 20 Blätter Koriander
- ca. 6 EL Erdnußöl
- 3 EL Tomatensaft
- 1 TL Sojasauce
- 1 TL Fischsauce
- 1 TL Himbeeressig

So wird's gemacht:

1. Die Algen mit einer Schere in 2 cm große Stücke schneiden, etwa 10 Minuten in kaltes Wasser legen und dann gut abtropfen lassen.

2. Die Hummerkrabben waschen, die Schwänze aus den Schalen herauslösen, der Länge nach bis zum Schwanz hin aufschneiden und die schwarzen Darmfäden entfernen. Dann das Fleisch salzen, pfeffern und in dem Mehl oder in der Stärke wenden.

3. Die Frühlingszwiebeln putzen, waschen und in 2 cm große Stücke schneiden. Die Tamarillos schälen und vierteln. Den Ingwer schälen und fein hacken. Das Zitronengras waschen und in kleine Stücke schneiden. Den Koriander waschen und die Blättchen von den Stielen zupfen.

4. Nun 1 Eßlöffel Öl im Wok erhitzen, ihn damit ausschwenken und das Öl wieder abgießen. Diesen Vorgang einmal wiederholen.

5. Dann noch etwas Öl im Wok erhitzen und nun die Hummerkrabben darin etwa 1 Minute braten. Sie anschließend herausnehmen und warm stellen.

6. Den Ingwer im Wok etwa 10 Sekunden anbraten, den Porree dazugeben und etwa 20 Sekunden mitbraten. Den Tomatensaft und das Zitronengras hinzufügen und alles etwa 1 Minute köcheln lassen.

7. Die Algen, die Tamarillos und den Koriander darunterheben und alles mit der Soja- und der Fischsauce sowie mit dem Himbeeressig abschmecken. Zum Schluß die Hummerkrabben in das Gemüse geben und kurz darin erwärmen.

Hummerkrabben mit Mango Chutney

Zubereitungszeit: ca. 35 Minuten

Sie benötigen für 4 Portionen:

12 frische Hummerkrabben à 50–70 g
Salz
weißen Pfeffer aus der Mühle
Saft von 1 Zitrone
3 EL Speisestärke
1 Mango
2 Knoblauchzehen
2 Frühlingszwiebeln
1 Fenchelknolle
1 TL Senfpulver
1 TL Honig
2 EL Kokossahne (siehe Seite 16)
1 EL Sambal Manis
2 EL indisches Currypulver
1/8 l Hühnerbrühe
ca. 1/8 l Erdnußöl
100 g Mango Chutney
6 Kapuzinerkresseblüten

So wird's gemacht:

1. Die Hummerkrabben waschen, die Schwänze aus den Schalen herauslösen, der Länge nach bis zum Schwanz hin aufschneiden und die schwarzen Darmfäden entfernen. Dann das Fleisch salzen, pfeffern, mit dem Zitronensaft beträufeln und in 2 Eßlöffeln Speisestärke wenden.

2. Die Mango schälen, das Fruchtfleisch in Spalten vom Stein abschneiden und in feine Würfel schneiden. Die Knoblauchzehen schälen und fein hacken. Die Frühlingszwiebeln putzen, waschen und in kleine Stücke schneiden. Die Fenchelknolle putzen, den Strunk herausschneiden, das Gemüse waschen und in feine Würfel schneiden. Das Fenchelgrün für die Garnitur aufheben.

3. Dann das Senfpulver mit Honig, Kokossahne, Sambal Manis, Curry, 1 Eßlöffel Speisestärke und der Hühnerbrühe verrühren.

4. Nun 1 Eßlöffel Öl im Wok erhitzen, ihn damit ausschwenken und das Öl wieder abgießen. Diesen Vorgang einmal wiederholen.

5. Dann noch etwas Öl im Wok erhitzen und nun die Fenchelwürfel sowie den Knoblauch darin etwa 1/2 Minute anbraten. Die Frühlingszwiebeln dazugeben und kurz mitbraten. Dann die angerührte Hühnerbrühe angießen und alles etwa 1 Minute kochen lassen.

6. Die Mangowürfel und das Chutney darunterrühren und das Ganze mit Salz abschmecken. Das Gemüse in einer tiefen Schale anrichten und warm stellen. Den Wok säubern.

7. Noch einmal etwas Öl im Wok erhitzen und die Hummerkrabben darin etwa 2 Minuten braten. Die Krabben auf dem Gemüse anrichten und das Gericht mit dem Fenchelgrün und den Kapuzinerkresseblüten garnieren.

Hummerkrabben mit Zucchino und Litschis

Zubereitungszeit: ca. 40 Minuten

Sie benötigen für 4 Portionen:

12 frische Hummerkrabben à 50–70 g
Salz
weißen Pfeffer aus der Mühle
1 EL Sojasauce
2 EL Speisestärke
200 g Zucchino
12 Litschis
4 Knoblauchzehen
2 rote Chilischoten
1 Frühlingszwiebel
1 Zweig Koriander
ca. 6 EL Erdnußöl
150 g Kokossahne (siehe Seite 16)
1 EL grüne Currypaste
1 TL Fischsauce

So wird's gemacht:

1. Die Hummerkrabben waschen, die Schwänze aus den Schalen herauslösen, der Länge nach bis zum Schwanz hin aufschneiden und die schwarzen Darmfäden entfernen. Dann das Fleisch salzen, pfeffern, mit der Sojasauce beträufeln und in der Speisestärke wenden.

2. Den Zucchino putzen, waschen und in etwa 2 cm große Würfel schneiden. Die Litschis schälen, halbieren und entkernen. Die Knoblauchzehen schälen und in feine Scheiben schneiden. Die Chilischoten waschen. Die Frühlingszwiebel putzen, waschen und in kleine Stücke schneiden. Den Koriander waschen und die Blättchen von den Stielen zupfen.

3. Nun 1 Eßlöffel Öl im Wok erhitzen, ihn damit ausschwenken und das Öl wieder abgießen. Diesen Vorgang einmal wiederholen.

4. Dann noch etwas Öl im Wok erhitzen und nun die Hummerkrabben darin etwa 1 Minute braten. Den Knoblauch und die Chilischoten hinzufügen, nach etwa 10 Sekunden den Zucchino, die Frühlingszwiebel und die Litschis dazugeben und alles etwa 1 Minute braten. Anschließend alles herausnehmen und beiseite legen. Den Wok säubern.

5. Die Kokossahne in den Wok geben und etwa 1½ Minuten kochen lassen, bis sie sämig wird. Den Koriander, den Curry und die Fischsauce hineinrühren und die Sauce mit Salz und Pfeffer abschmecken.

6. Die Hummerkrabben und das Gemüse ohne die Chilischoten in der Sauce noch einmal kurz erhitzen.

Hummerkrabben mit schwarzen Nüssen

Zubereitungszeit: ca. 3/4 Stunden

Sie benötigen für 4 Portionen:

12 frische Hummerkrabben à 50–70 g
Salz
schwarzen Pfeffer aus der Mühle
Saft von 1 Zitrone
3 EL Speisestärke
12 eingelegte schwarze Walnüsse mit Saft
1 Stange Porree
1 Bund Knoblauchgras
1 Zweig Pfefferminze
100 g junge Bambussprossen (frisch oder aus der Dose)
ca. 4 EL Erdnußöl
ca. 2 EL Walnußöl
4 Zitronenblätter oder etwas abgeriebene Limettenschale
1/8 l Hühnerbrühe
1 EL Sojasauce

So wird's gemacht:

1. Die Hummerkrabben waschen, die Schwänze aus den Schalen herauslösen, der Länge nach bis zum Schwanz hin aufschneiden und die schwarzen Darmfäden entfernen. Dann das Fleisch salzen, pfeffern, mit dem Zitronensaft beträufeln und in 2 Eßlöffeln Speisestärke wenden.

2. Die Walnüsse abtropfen lassen und den Saft dabei auffangen. Die Nüsse halbieren und mit 1 Eßlöffel Speisestärke bestäuben. Den Porree putzen, waschen und in feine Ringe schneiden.

3. Das Knoblauchgras waschen und in feine Röllchen schneiden. Die Pfefferminze waschen und die Blätter von den Stielen zupfen. Die Bambussprossen von der Außenhaut befreien und in kleine Stücke schneiden. Die Dosenware nur abtropfen lassen und kleinschneiden.

4. Nun 1 Eßlöffel Erdnußöl im Wok erhitzen, ihn damit ausschwenken und das Öl wieder abgießen. Diesen Vorgang einmal wiederholen.

5. Dann etwas Erdnuß- und Walnußöl im Wok erhitzen und die Hummerkrabben darin etwa 1/2 Minute braten. Sie anschließend herausnehmen und beiseite stellen.

6. Nun Porree, Walnüsse, Bambussprossen und Zitronenblätter oder Limettenschale im Wok kurz anbraten und alles mit der Hühnerbrühe ablöschen.

7. Nach etwa 1 Minute den Walnußsaft dazugeben und alles aufkochen lassen. Die Hummerkrabben in dem Gemüse etwa 1 Minute erwärmen, das Knoblauchgras hineinrühren und alles mit der Sojasauce abschmekken. Das Gericht mit den Pfefferminzblättern garnieren.

Clams in Kokossahne mit blauen Kartoffeln

Zubereitungszeit: ca. 35 Minuten

Sie benötigen für 4 Portionen:

1 kg Clams oder Sandklaffmuscheln
1 Stange Zitronengras
2 Knoblauchzehen
2 rote Chilischoten
3 Schalotten
300 g blaue Kartoffeln
(Truffe de chine)
1 Bund Basilikum
4 EL Erdnußöl
ca. 2 EL Walnußöl
Salz
weißen Pfeffer aus der Mühle
350 g Kokossahne (siehe Seite 16)
8 Zitronenblätter oder etwas
abgeriebene Limettenschale
1 EL Fischsauce
1 TL Shrimpspaste

So wird's gemacht:

1. Die Clams gut waschen und abtropfen lassen. Bereits geöffnete Muscheln wegwerfen.

2. Das Zitronengras waschen und in 2 cm große Stücke schneiden. Die Knoblauchzehen schälen und in feine Scheiben schneiden. Die Chilischoten waschen, halbieren, entkernen und in feine Streifen schneiden. Die Schalotten schälen und fein hacken.

3. Die blauen Kartoffeln schälen und in große Würfel schneiden. Das Basilikum waschen, die Blätter von den Stielen zupfen und acht für die Garnitur aufheben; die restlichen in feine Streifen schneiden.

4. Nun 1 Eßlöffel Erdnußöl im Wok erhitzen, ihn damit ausschwenken und das Öl wieder abgießen. Diesen Vorgang einmal wiederholen.

5. Dann etwas Erdnuß- und Walnußöl im Wok erhitzen und Knoblauch, Schalotten, Chilischoten, Zitronengras und Kartoffeln darin bei kleiner Hitze etwa 3 Minuten braten. Das Ganze salzen, pfeffern, mit der Kokossahne auffüllen und etwa 2 Minuten kochen lassen.

6. Die Clams, die Zitronenblätter oder die Limettenschale und das Basilikum hinzufügen und alles etwa 3 Minuten kochen. Dann ungeöffnete Muscheln herauslesen und wegwerfen.

7. Das Gericht zuletzt mit der Fischsauce und der Shrimpspaste abschmecken und mit den Basilikumblättern garnieren.

Meeresschnecken in grünem Pfeffer

Zubereitungszeit: ca. 50 Minuten

Sie benötigen für 4 Portionen:

1 kg Meeresschnecken (Bulot)
½ l Weißwein
1 Zwiebel, 4 Lorbeerblätter
2 Schalotten, 2 Knoblauchzehen
2 Frühlingszwiebeln
150 g Champignons
1 Bund Kerbel
ca. 6 EL Erdnußöl
10 g grüne Pfefferkörner
2 EL Kokossahne (siehe Seite 16)
1 EL Fischsauce

So wird's gemacht:

1. Die Meeresschnecken gut waschen. In einem Topf den Weißwein zusammen mit der geschälten und halbierten Zwiebel und den Lorbeerblättern erhitzen und die Schnecken darin etwa 10 Minuten kochen. Sie anschließend herausnehmen und abkühlen lassen. Das Schneckenfleisch mit einer Nadel aus den Häuschen herauslösen. Den Kochsud durch ein Sieb passieren.

2. Die Schalotten und die Knoblauchzehen schälen und beides fein hacken. Die Frühlingszwiebeln putzen, waschen und in kleine Würfel schneiden. Die Champignons putzen, kurz waschen und achteln. Den Kerbel waschen.

3. Nun 1 Eßlöffel Öl im Wok erhitzen, ihn damit ausschwenken und das Öl wieder abgießen. Diesen Vorgang einmal wiederholen.

4. Dann noch etwas Öl im Wok erhitzen und nun das Schneckenfleisch, den Knoblauch und die Schalotten darin etwa ½ Minute braten.

5. Die Frühlingszwiebeln, die Champignons und die Pfefferkörner zusammen mit dem Schneckensud hinzufügen und die Flüssigkeit etwas einreduzieren lassen. Das Gericht mit Kokossahne und Fischsauce abschmecken, mit Kerbel garnieren.

Meermandeln in gelbem Curry

Zubereitungszeit: ca. ½ Stunde

Sie benötigen für 4 Portionen:

1½ kg Meermandeln
(Amandes de mer)
3 Schalotten
2 Knoblauchzehen
2 rote Chilischoten
1 Bund Koriander
2 Frühlingszwiebeln
ca. 6 EL Olivenöl
200 g Kokossahne (siehe Seite 16)
1 EL gelbe Currypaste
1 EL Fischsauce
Salz
schwarzen Pfeffer aus der Mühle

So wird's gemacht:

1. Die Meermandeln gründlich waschen und abtropfen lassen. Bereits geöffnete Muscheln wegwerfen. Die Schalotten und die Knoblauchzehen schälen und beides fein hacken. Die Chilischoten waschen und in Streifen schneiden. Den Koriander waschen und die Blätter von den Stielen zupfen; zwölf für die Garnitur aufheben. Die Frühlingszwiebeln putzen, in kleine Stücke schneiden und waschen.

2. Nun 1 Eßlöffel Öl im Wok erhitzen, ihn damit ausschwenken und das Öl wieder abgießen. Diesen Vorgang einmal wiederholen.

3. Dann noch etwas Öl im Wok erhitzen und nun Muscheln, Knoblauch, Schalotten, Frühlingszwiebeln und Chilischoten darin etwa 1½ Minuten unter ständigem Rühren garen. Ungeöffnete Muscheln herauslesen und wegwerfen.

4. Anschließend die Kokossahne, den Koriander und die Currypaste hinzufügen, das Gericht nach etwa 2 Minuten mit der Fischsauce, Salz und Pfeffer abschmecken und mit den Korianderblättern garnieren.

Miesmuscheln mit Garnelen im gelben Curry

Zubereitungszeit: ca. 3/4 Stunden

Sie benötigen für 4 Portionen:

600 g Miesmuscheln
160 g frische, ausgelöste Garnelen (Grönlandkrabben)
1 Stange Zitronengras
2 Knoblauchzehen
1 rote Paprikaschote
1 Stange Porree
100 g kleinen Makeur
12 Blätter Basilikum
ca. 1/8 l Erdnußöl
1 TL getrocknete grüne Pfefferkörner
200 g Kokossahne (siehe Seite 16)
1 EL gelbe Currypaste
1 EL Fischsauce
Salz

So wird's gemacht:

1. Die Muscheln mehrmals gründlich waschen und bürsten, dann abtropfen lassen. Die bereits geöffneten wegwerfen; von den übrigen die struppigen Bartfäden mit einem Messer entfernen. Die Garnelen waschen und abtropfen lassen.
2. Das Zitronengras waschen und in kleine Stücke schneiden. Die Knoblauchzehen schälen und in feine Scheiben schneiden. Die Paprikaschote waschen, putzen, halbieren, entkernen und in kleine Würfel schneiden. Den Porree putzen, waschen und in feine Ringe schneiden. Den Makeur und die Basilikumblätter waschen.
3. Nun 1 Eßlöffel Öl im Wok erhitzen, ihn damit ausschwenken und das Öl wieder abgießen. Diesen Vorgang einmal wiederholen.
4. Dann noch etwas Öl im Wok erhitzen und nun das Zitronengras und den Knoblauch darin kurz und kräftig anbraten. Die Muscheln hinzufügen und unter ständigem Rühren so lange erhitzen, bis sie sich öffnen. Sie anschließend aus dem Wok nehmen und abkühlen lassen. Ungeöffnete Muscheln herauslesen und wegwerfen. Das Muschelfleisch aus den geöffneten Muscheln lösen. Den Wok säubern.
5. Nochmals etwas Öl im Wok erhitzen. Die Paprikawürfel, den Porree, den Makeur und die Pfefferkörner darin kurz anbraten. Die Kokossahne und die Currypaste dazugeben und alles etwa 2 Minuten kochen lassen.
6. Das Gemüse mit der Fischsauce und etwas Salz abschmecken. Die Garnelen und das Muschelfleisch darin kurz erhitzen und das Gericht mit dem Basilikum garnieren.

Miesmuscheln in Chilisauce

Zubereitungszeit: ca. 35 Minuten

Sie benötigen für 4 Portionen:

1 kg Miesmuscheln
ca. 1/4 l Erdnußöl
4 Knoblauchzehen
150 g rote Zwiebeln
2 Fleischtomaten
4 EL mittelscharfe Chilisauce
1 EL Austernsauce
150 g Bleichsellerie
1 Bund Koriander
1 Bund glatte Petersilie
8 Zitronenblätter oder etwas abgeriebene Limettenschale

So wird's gemacht:

1. Die Muscheln mehrmals gründlich waschen und bürsten, dann abtropfen lassen. Die bereits geöffneten wegwerfen; von den übrigen die struppigen Bartfäden mit einem Messer entfernen.
2. Nun 1 Eßlöffel Öl im Wok erhitzen, ihn damit ausschwenken und das Öl wieder abgießen. Diesen Vorgang einmal wiederholen.
3. Dann noch etwas Öl im Wok erhitzen und nun die Muscheln darin unter ständigem Rühren so lange erhitzen, bis sie sich öffnen. Sie anschließend herausnehmen und abkühlen lassen. Ungeöffnete Muscheln herauslesen und wegwerfen. Das Muschelfleisch aus den geöffneten Schalen herauslösen.
4. Die Knoblauchzehen und die Zwiebeln schälen und beides in feine Scheiben schneiden. Die Tomaten über Kreuz einritzen, kurz überbrühen, abschrecken, enthäuten und die Stielansätze herausschneiden. Die Tomaten zusammen mit der Chili- und der Austernsauce pürieren und durch ein Sieb streichen.
5. Den Sellerie putzen, waschen und in etwa 1 cm große Stücke schneiden. Den Koriander und die Petersilie waschen und grob hacken.
6. Das Öl aus dem Wok abgießen, ihn noch einmal mit 1 Eßlöffel Öl ausschwenken und das Öl wieder abgießen.
7. Nun nochmals etwas Öl im Wok erhitzen und den Knoblauch darin kurz anbraten. Die Zwiebeln, den Sellerie und die Zitronenblätter oder die Limettenschale hinzufügen und alles etwa 1 Minute vorsichtig braten.
8. Das Tomatenpüree und die Kräuter hineinrühren. Das Muschelfleisch dazugeben und alles noch einmal kurz aufkochen lassen. Die Zitronenblätter entfernen.

Jakobsmuscheln auf Tomatengemüse

Zubereitungszeit: ca. 35 Minuten

Sie benötigen für 4 Portionen:

300 g frisches Jakobsmuschelfleisch
1 EL getrockneten, grünen Pfeffer
1 EL in Essig eingelegten roten Pfeffer
Salz
1 TL Sojasauce
2 EL Speisestärke
2 große Fleischtomaten
16 Blätter Basilikum
ca. 6 EL Erdnußöl
1 EL Kokossahne (siehe Seite 16)
1 TL Fischsauce
30 g Butter
1 TL Zucker

So wird's gemacht:

1. Das Muschelfleisch waschen und trockentupfen. Den grünen und den roten Pfeffer in einem Mörser zerstoßen und das Muschelfleisch darin wenden. Es dann salzen, mit der Sojasauce beträufeln und in der Speisestärke wenden.

2. Die Tomaten über Kreuz einritzen, kurz überbrühen, abschrecken, enthäuten und die Stielansätze herausschneiden. Dann die Tomaten vierteln, entkernen und in kleine Würfel schneiden. Das Kernfleisch der Tomaten für die Sauce aufheben. Das Basilikum waschen und vier Blätter für die Garnitur aufheben; die restlichen Blättchen in feine Streifen schneiden.

3. Nun 1 Eßlöffel Öl im Wok erhitzen, ihn damit ausschwenken und das Öl wieder abgießen. Diesen Vorgang einmal wiederholen.

4. Dann noch etwas Öl im Wok erhitzen und nun das Muschelfleisch darin etwa 1½ Minuten braten. Das Tomatenkernfleisch, die Kokossahne und die Fischsauce dazugeben und alles kurz aufkochen lassen. Dann alles aus dem Wok nehmen und warm stellen. Den Wok säubern.

5. Die Butter im Wok zerlassen und darin die Tomaten und die Basilikumstreifen zusammen mit etwas Salz und Zucker kurz aufkochen lassen.

6. Das Muschelfleisch auf dem Tomatengemüse anrichten und mit dem Basilikum garnieren.

Jakobsmuscheln mit Zimt und Glasnudeln

Zubereitungszeit: ca. 35 Minuten

Sie benötigen für 4 Portionen:

300 g frisches Jakobsmuschelfleisch
Salz
schwarzen Pfeffer aus der Mühle
1 EL Sojasauce
3 EL Speisestärke
2 Knoblauchzehen
1 Stange Zitronengras
10 Blätter Basilikum
ca. ¼ l Erdnußöl
200 g Kokossahne (siehe Seite 16)
1 Zimtstange
2 getrocknete, rote Chilischoten
1 TL grüne Pfefferkörner
1 EL Reisschnaps
1 TL Honig
Saft von 1 Limette
1 EL Fischsauce
2 unbehandelte Orangen
80 g Glasnudeln

So wird's gemacht:

1. Das Muschelfleisch waschen, trockentupfen, salzen, pfeffern, mit der Sojasauce beträufeln und in 2 Eßlöffeln Speisestärke wenden.

2. Die Knoblauchzehen schälen und in Scheiben schneiden. Das Zitronengras waschen und in 1 cm große Stücke schneiden. Das Basilikum waschen.

3. Nun 1 Eßlöffel Öl im Wok erhitzen, ihn damit ausschwenken und das Öl wieder abgießen. Diesen Vorgang einmal wiederholen.

4. Dann noch etwas Öl im Wok erhitzen und nun das Muschelfleisch darin in etwa 1 Minute goldbraun braten. Es anschließend herausnehmen und beiseite stellen.

5. Die Kokossahne zusammen mit der Zimtstange, dem Knoblauch, dem Zitronengras, der Chilischote und den Pfefferkörnern in den Wok geben und alles zu einer sämigen Sauce einkochen lassen. Das Muschelfleisch in der Sauce kurz ziehen lassen.

6. Den Reisschnaps mit dem Honig, dem Limettensaft und 1 Eßlöffel Speisestärke verrühren, in die Sauce geben und kurz aufkochen lassen. Alles mit der Fischsauce abschmekken, herausnehmen, auf einer Platte anrichten und warm stellen. Die Zimtstange entfernen.

7. Die Orangen waschen, dünn schälen und die Schalen in feine Streifen schneiden. Die weiße Haut von den Orangen entfernen und die Filets mit einem Messer aus den Zwischenhäuten herauslösen.

8. Den Wok säubern, ihn noch einmal mit 1 Eßlöffel Öl ausschwenken und das Öl wieder abgießen.

9. Nun reichlich Öl im Wok erhitzen und die Glasnudeln zusammen mit den Orangenschalen darin etwa 1 Minute fritieren. Danach neben den Jakobsmuscheln anrichten und mit den Orangenfilets und den Basilikumblättern garnieren.

Vegetarische Gerichte

Beim Kochen mit dem Wok wird Gemüse besonders schonend gegart, so daß seine Vitamine und sein feines Aroma weitestgehend erhalten bleiben. Unsere Märkte bieten eine fast unüberschaubare Vielzahl an Gemüsesorten, die in immer neuen Kombinationen zu köstlichen vegetarischen Gerichten zusammengestellt werden können.

Zwiebelgemüse mit Parmesan

Zubereitungszeit: ca. 20 Minuten

Sie benötigen für 4 Portionen:

150 g Weißbrot
500 g rote Zwiebeln
125 g Créme fraîche
1/8 l Hühnerbrühe
100 g geriebenen Parmesan
Salz
weißen Pfeffer aus der Mühle
geriebene Muskatnuß
1 Zweig Kerbel
2 EL Öl
ca. 4 EL Butterschmalz
4 Lorbeerblätter

So wird's gemacht:

1. Das Weißbrot in kleine Würfel schneiden. Die Zwiebeln schälen, halbieren und in feine Scheiben schneiden. Die Créme fraîche mit der Hühnerbrühe und dem Parmesan verrühren und mit Salz, Pfeffer und Muskat würzen. Den Kerbel waschen und fein hacken.

2. Nun 1 Eßlöffel Öl im Wok erhitzen, ihn damit ausschwenken und das Öl wieder abgießen. Diesen Vorgang einmal wiederholen.

3. Etwas Butterschmalz im Wok erhitzen und die Brotwürfel darin goldbraun rösten. Sie anschließend herausnehmen und beiseite legen. Den Wok mit Küchenkrepp auswischen, damit zurückgebliebene Brotreste entfernt werden.

4. Noch einmal etwas Butterschmalz im Wok erhitzen und die Zwiebeln darin etwa 1/2 Minute braten. Die Käse-Sahne-Sauce angießen, die Lorbeerblätter dazugeben und alles aufkochen lassen. Den Wok mit einem Deckel verschließen und alles etwa 3 Minuten köcheln lassen.

5. Das Gericht mit Salz und Pfeffer abschmecken und die Lorbeerblätter entfernen. Zum Schluß das Gemüse mit den Brotwürfeln und dem Kerbel garnieren.

Perlzwiebeln in Orangen-Ingwer-Sauce

Zubereitungszeit: ca. ½ Stunde

Sie benötigen für 4 Portionen:
600 g kleine Perlzwiebeln
oder Schalotten
3 unbehandelte Orangen
10 g junge Ingwerwurzel
1 Bund Koriander
2 rote Chilischoten
ca. 6 EL Walnußöl
1 EL Zucker
1 EL Honigessig
2 EL rosa Pfefferkörner, Salz
4 Zitronenblätter oder etwas
abgeriebene Limettenschale

So wird's gemacht:

1. Die Perlzwiebeln oder die Schalotten schälen.

2. Die eine Orange heiß waschen und die Schale mit einem Zestenreißer in schmalen Streifen abziehen. Alle Orangen halbieren und den Saft herauspressen. Den Ingwer schälen und in feine Scheiben schneiden. Den Koriander waschen und die Blätter von den Stielen zupfen. Einige Blätter für die Garnitur aufheben. Die Chilischoten waschen, halbieren und entkernen.

3. Nun 1 Eßlöffel Öl im Wok erhitzen, ihn damit ausschwenken und das Öl wieder abgießen. Diesen Vorgang einmal wiederholen.

4. Dann etwas Öl im Wok erhitzen und die Perlzwiebeln, den Ingwer und die Chilischoten unter ständigem Rühren etwa 15 Sekunden braten. Den Zucker hineinrühren und das Gemüse im Wok glasieren.

5. Das Ganze mit dem Orangensaft und dem Essig ablöschen, die Pfefferkörner und die Orangenschalenstreifen dazugeben und die Flüssigkeit gut einreduzieren lassen. Mit Salz abschmecken.

6. Die Zitronenblätter oder die Limettenschale und die Korianderblätter hineinrühren und das Gericht auf einer Platte anrichten. Mit den restlichen Korianderblättern garnieren.

Schalotten in Malzbier

Zubereitungszeit: ca. 20 Minuten

Sie benötigen für 4 Portionen:
600 g kleine Schalotten
einige Feldsalatröschen
ca. 6 EL Walnußöl
1 EL braunen Rohrzucker
1 TL rosa Pfefferkörner
¼ l Malzbier
1 EL Balsamessig (Aceto balsamico)
Salz
schwarzen Pfeffer aus der Mühle
1 Msp. Pimentpfeffer

So wird's gemacht:

1. Die Schalotten schälen. Den Feldsalat waschen, putzen und verlesen.

2. Nun 1 Eßlöffel Öl im Wok erhitzen, ihn damit ausschwenken und das Öl abgießen. Den Vorgang wiederholen.

3. Dann noch etwas Öl im Wok erhitzen und nun die Schalotten darin goldbraun braten. Den Zucker hinzufügen und die Schalotten unter ständigem Rühren glasieren.

4. Den rosa Pfeffer dazugeben, alles mit dem Malzbier und dem Essig ablöschen und die Flüssigkeit kurz einreduzieren lassen.

5. Das Gericht mit Salz, Pfeffer und Pimentpfeffer abschmecken und mit dem Feldsalat garniert anrichten.

Chicorée mit Orangensauce

Zubereitungszeit: ca. 20 Minuten

Sie benötigen für 4 Portionen:

800 g Chicorée
2 unbehandelte Orangen
1 Bund rotes Basilikum
ca. 2 EL Öl
ca. 2 EL Butterschmalz
50 g Glasnudeln
1 TL Honig
80 g kalte Butter
Salz, weißen Pfeffer aus der Mühle

So wird's gemacht:

1. Den Chicorée waschen, die Stauden der Länge nach vierteln und die Strünke keilförmig herausschneiden. Die Orangen heiß waschen und die Schale jeweils mit einem Zestenreißer in schmalen Streifen abziehen (siehe Rezept »Perlzwiebeln in Orangen-Ingwer-Sauce«, Seite 133). Die Orangen halbieren und den Saft herauspressen. Das Basilikum waschen.

2. Nun 1 Eßlöffel Öl im Wok erhitzen, ihn damit ausschwenken und das Öl wieder abgießen. Diesen Vorgang einmal wiederholen.

3. Dann etwas Butterschmalz im Wok erhitzen und die Orangenschalenstreifen sowie die Glasnudeln darin kurz anbraten, bis sich die Glasnudeln aufblähen.

4. Dann das Ganze mit dem Honig und dem Orangensaft ablöschen und die Flüssigkeit kurz einreduzieren lassen. Den Chicorée dazugeben und etwa 1 Minute in der Sauce glasieren.

5. Anschließend die Nudeln und den Chicorée mit einer Schaumkelle herausnehmen und zusammen auf einer Platte anrichten. Die Butter in kleinen Stücken in die Orangensauce einrühren und diese mit Salz und Pfeffer abschmecken.

6. Die Sauce über den Chicorée und die Nudeln geben und das Ganze mit dem Basilikum garnieren.

Endiviengemüse mit indischem Curry

Zubereitungszeit: ca. 20 Minuten

Sie benötigen für 4 Portionen:

2 Köpfe glatten Endiviensalat
150 g Zwiebeln
2 Orangen
150 g Sojabohnenkeimlinge
ca. 6 EL Erdnußöl
50 g Erdnußkerne
1–2 EL Currypulver
Salz
80 g kalte Butter

So wird's gemacht:

1. Die Salatköpfe putzen, die Strünke und die grünen, harten Außenblätter entfernen. Die gelben Blätter in feine Streifen schneiden und waschen.

2. Die Zwiebeln schälen und fein hacken. Die Orangen sorgfältig schälen, dabei auch die weiße Haut entfernen.

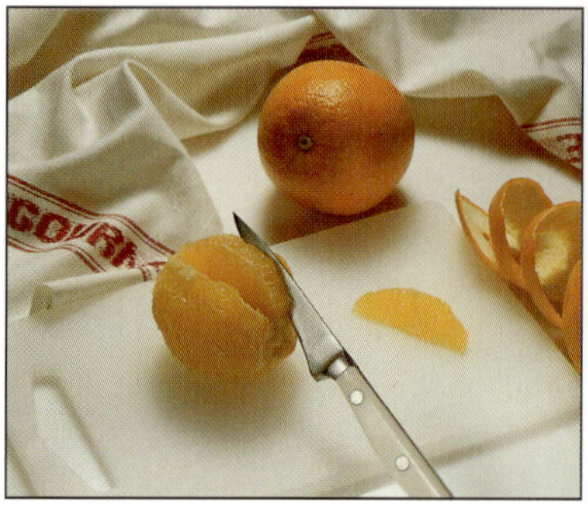

3. Mit einem Messer neben den Zwischenhäuten einschneiden und die einzelnen Filets herauslösen. Die Sojabohnenkeimlinge waschen.

4. Nun 1 Eßlöffel Öl im Wok erhitzen, ihn damit ausschwenken und das Öl wieder abgießen. Diesen Vorgang einmal wiederholen.

5. Dann noch etwas Öl im Wok erhitzen und nun die Zwiebeln sowie die Erdnußkerne darin etwa 10 Sekunden bräunen. Den Endiviensalat, die Sojabohnenkeimlinge und die Orangenfilets hinzufügen und alles bei kleiner Hitze etwa ½ Minute garen.

6. Dann das Gericht mit dem Curry und etwas Salz abschmecken. Zum Schluß die Butter in kleinen Stückchen darunterrühren.

Pak Soi mit Wasserkastanien und Kakis

Zubereitungszeit: ca. 25 Minuten

Sie benötigen für 4 Portionen:

500 g Pak Soi oder Chinakohl
180 g Wasserkastanien aus der Dose
4 Kakis
1 Bund Koriander
2 Blätter Kapuzinerkresse
1 Stange Zitronengras
einige Kapuzinerkresseblüten
1 Fleischtomate
1 EL Tomatenketchup
1 TL Sojasauce
½ TL Sambal Oelek
½ TL Honig
Salz
schwarzen Pfeffer aus der Mühle
ca. 6 EL Sesamöl
½ TL zerstoßenen rosa Pfeffer

So wird's gemacht:

1. Den Kohl putzen und halbieren. Ihn in feine Streifen schneiden, waschen und gut abtropfen lassen. Die Wasserkastanien abtropfen lassen und sie dann in feine Scheiben schneiden.

2. Die Kakis waschen, schälen und achteln. Zwölf Achtel für die Garnitur aufheben. Den Koriander waschen und die Blätter von den Stielen zupfen. Die Kresseblätter waschen und in feine Streifen schneiden. Das Zitronengras waschen und in kleine Stücke schneiden. Die Kresseblüten waschen.

3. Die Fleischtomate über Kreuz einritzen, kurz überbrühen, abschrecken, enthäuten und den Stielansatz herausschneiden. Dann die Tomate vierteln, entkernen und zusammen mit Ketchup, Sojasauce, Sambal Oelek, Honig, Salz und schwarzem Pfeffer im Mixer pürieren.

4. Nun 1 Eßlöffel Öl im Wok erhitzen, ihn damit ausschwenken und das Öl wieder abgießen. Diesen Vorgang einmal wiederholen.

5. Dann etwas Öl im Wok erhitzen und den Kohl und die Kastanien darin etwa 2 Minuten unter ständigem Rühren braten. Dann Kakis, Zitronengras, Kresseblätter, Koriander und rosa Pfeffer vorsichtig darunterheben.

6. Das Tomatenpüree hinzufügen, alles kurz aufkochen lassen und nochmals abschmecken. Das Gericht mit den Kresseblüten und den Kakis garnieren.

Okraschoten mit Tomaten und Tofu

Zubereitungszeit: ca. 25 Minuten

Sie benötigen für 4 Portionen:

- 500 g Okraschoten
- 3 Fleischtomaten
- 150 g Tofu
- 1 Bund Basilikum
- 2 Knoblauchzehen
- 1 gelbe Chilischote
- ca. 1/4 l Olivenöl
- Salz
- schwarzen Pfeffer aus der Mühle
- 1 TL Sojasauce

So wird's gemacht:

1. Die Okraschoten waschen und die Stielansätze abschneiden. Die Tomaten über Kreuz einritzen, kurz überbrühen, abschrecken, enthäuten und die Stielansätze herausschneiden. Dann die Tomaten halbieren, entkernen und in Würfel schneiden. Den Tofu in Stücke schneiden.

2. Das Basilikum waschen, die Blätter von den Stielen zupfen und einige für die Garnitur aufheben. Die restlichen in feine Streifen schneiden. Die Knoblauchzehen schälen und fein hacken. Die Chilischote waschen, halbieren, entkernen und in Streifen schneiden.

3. Nun 1 Eßlöffel Öl im Wok erhitzen, ihn damit ausschwenken und das Öl wieder abgießen. Diesen Vorgang einmal wiederholen.

4. Dann etwas Öl im Wok erhitzen und den Knoblauch und die Chilischote darin kurz anbraten. Den Tofu hinzufügen und unter ständigem Rühren etwa 1½ Minuten braten.

5. Die Okraschoten und die Tomaten dazugeben, etwa 2 Minuten mitbraten und alles mit Salz, Pfeffer und der Sojasauce abschmecken. Die Basilikumstreifen hineinrühren und das Gericht mit den Basilikumblättern garnieren.

Porreegemüse mit Sojasauce

Zubereitungszeit: ca. 20 Minuten

Sie benötigen für 4 Portionen:

600 g Porree (Lauch)
100 g Glasnudeln
2 Fleischtomaten
1 Zweig Kerbel
ca. 6 EL Sojaöl
⅛ l süße Sahne
Salz
weißen Pfeffer aus der Mühle
etwas geriebene Muskatnuß
2 EL Sojasauce

So wird's gemacht:

1. Den Porree putzen, in 2 cm lange Stücke schneiden, waschen und gut abtropfen lassen. Die Glasnudeln etwa 10 Minuten in heißem Wasser quellen lassen, dann abgießen und abtropfen lassen.

2. Die Tomaten über Kreuz einritzen, kurz überbrühen, abschrecken, enthäuten und die Stielansätze herausschneiden. Dann die Tomaten halbieren, entkernen und in feine Würfel schneiden. Den Kerbel waschen und die Blättchen abzupfen.

3. Nun 1 Eßlöffel Öl im Wok erhitzen, ihn damit ausschwenken und das Öl wieder abgießen. Diesen Vorgang einmal wiederholen.

4. Dann etwas Öl im Wok erhitzen und den Porree darin bei mittlerer Hitze etwa 2½ Minuten braten. Die Tomaten, die Nudeln und die Sahne hinzufügen und die Flüssigkeit etwa 1 Minute einreduzieren lassen.

5. Das Gericht mit Salz, Pfeffer, Muskat und der Sojasauce abschmecken und mit dem Kerbel garnieren.

Porreegemüse mit schwarzen Trüffeln

Zubereitungszeit: ca. ½ Stunde

Sie benötigen für 4 Portionen:

- 800 g Porree
- 200 g Kartoffeln
- 100 g schwarze Trüffeln
- Kerbelblättchen
- Kapuzinerkresseblüten
- ½ l süße Sahne
- Salz
- weißen Pfeffer aus der Mühle
- geriebene Muskatnuß
- 2 EL Öl
- ca. 2 EL Butter

So wird's gemacht:

1. Den Porree putzen, in 1½ cm große Stücke schneiden, waschen und gut abtropfen lassen. Die Kartoffeln waschen, schälen und in kleine Würfel schneiden. Die Trüffeln waschen und fein hobeln. Den Kerbel und die Kresseblüten waschen. Die Sahne mit Salz, Pfeffer und Muskat verrühren.

2. Nun 1 Eßlöffel Öl im Wok erhitzen, ihn damit ausschwenken und das Öl wieder abgießen. Diesen Vorgang einmal wiederholen.

3. Dann die Butter im Wok erhitzen und die Kartoffeln darin etwa 1 Minute braten. Den Porree dazugeben und kurz mitbraten.

4. Die Sahne angießen und aufkochen lassen. Den Wok mit einem Deckel verschließen, das Ganze 5 bis 7 Minuten köcheln lassen und mit Salz und Pfeffer abschmecken.

5. Die Trüffeln hinzufügen und das Gericht mit dem Kerbel und den Kresseblüten garnieren.

Knoblauchkartoffeln in Sahnesauce

Zubereitungszeit: ca. 25 Minuten

Sie benötigen für 4 Portionen:

1 kg mehligkochende Kartoffeln
4 Knoblauchzehen
1 Bund Basilikum
2 EL Öl
ca. 2 EL Butterschmalz
½ l süße Sahne
Salz
weißen Pfeffer aus der Mühle
geriebene Muskatnuß

So wird's gemacht:

1. Die Kartoffeln schälen und in feine Scheiben schneiden. Die Knoblauchzehen schälen und fein hacken. Das Basilikum waschen und einige Blätter für die Garnitur aufheben. Die restlichen in feine Streifen schneiden.

2. Nun 1 Eßlöffel Öl im Wok erhitzen, ihn damit ausschwenken und das Öl wieder abgießen. Diesen Vorgang einmal wiederholen.

3. Dann das Butterschmalz im Wok erhitzen und die Kartoffeln und den Knoblauch darin leicht anbraten. Die Sahne mit Salz, Pfeffer und Muskat verrühren und über die Kartoffeln gießen. Das Ganze 10 bis 12 Minuten kochen lassen. Zwischendurch mehrmals umrühren.

4. Zum Schluß die Basilikumstreifen dazugeben, das Gericht nochmals abschmecken und mit den Basilikumblättern garnieren.

Kartoffelragout mit Shiitakepilzen

Zubereitungszeit: ca. 25 Minuten

Sie benötigen für 4 Portionen:

- 300 g festkochende Kartoffeln
- ½ Knoblauchzehe
- 100 g Schalotten
- 1 Karotte
- 200 g Shiitakepilze
- 1 Frühlingszwiebel
- 50 g Bleichsellerie
- 1 Bund glatte Petersilie
- 8 Blätter Basilikum
- ¼ l Hühnerbrühe
- 1 TL Speisestärke
- Salz
- weißen Pfeffer aus der Mühle
- geriebene Muskatnuß
- 1 EL Sojasauce
- 2 EL Öl
- ca. 2 EL Butterschmalz

So wird's gemacht:

1. Kartoffeln, Knoblauchzehe, Schalotten und Karotten schälen und alles in feine Würfel schneiden. Die Shiitakepilze waschen, putzen und halbieren. Die Frühlingszwiebel und den Sellerie putzen, waschen und fein würfeln. Die Petersilie waschen und fein hacken. Das Basilikum waschen.

2. Die Hühnerbrühe mit Speisestärke, Salz, Pfeffer, Muskat und Sojasauce verrühren.

3. Nun 1 Eßlöffel Öl im Wok erhitzen, ihn damit ausschwenken und das Öl wieder abgießen. Diesen Vorgang einmal wiederholen.

4. Dann das Butterschmalz im Wok erhitzen und die Schalotten und den Knoblauch darin kurz anbraten. Die Kartoffeln, den Sellerie und die Karotten dazugeben und unter ständigem Rühren etwa 2½ Minuten mitbraten.

5. Die Pilze und die Frühlingszwiebel hinzufügen und etwa ½ Minute mitbraten. Die Hühnerbrühe angießen und alles 2 bis 3 Minuten leicht kochen lassen.

6. Das Gericht mit Salz und Pfeffer abschmecken, die Petersilie darunterrühren und das Ragout mit dem Basilikum garnieren.

Paprikagemüse mit Tofu

Zubereitungszeit: ca. ½ Stunde

Sie benötigen für 4 Portionen:
1 große rote Paprikaschote
1 große grüne Paprikaschote
150 g Zwiebeln
200 g Tofu
1 Bund Basilikum
1 Bund Petersilie
2 Fleischtomaten
Salz
weißen Pfeffer aus der Mühle
1 Msp. Sambal Oelek
1 EL Sojasauce
ca. 6 EL Olivenöl

So wird's gemacht:

1. Die Paprikaschoten waschen und die Stielansätze herausschneiden. Die Schoten halbieren, entkernen und in Streifen schneiden. Die Zwiebeln schälen und in Ringe schneiden. Den Tofu in Würfel schneiden. Das Basilikum und die Petersilie waschen und einige Blätter für die Garnitur aufheben. Die restlichen fein hacken.

2. Die Tomaten über Kreuz einritzen, kurz überbrühen, abschrecken, enthäuten und die Stielansätze herausschneiden. Dann die Tomaten vierteln, entkernen und zusammen mit Salz, Pfeffer, Sambal Oelek und der Sojasauce im Mixer pürieren.

3. Nun 1 Eßlöffel Öl im Wok erhitzen, ihn damit ausschwenken und das Öl wieder abgießen. Diesen Vorgang einmal wiederholen.

4. Dann etwas Öl im Wok erhitzen und die Tofuwürfel darin in etwa 1½ Minuten goldbraun braten. Die Paprikastreifen und die Zwiebelringe hinzufügen und etwa 2 Minuten mitbraten.

5. Das Tomatenpüree dazugeben, alles etwa 1 Minute kochen lassen und mit Salz und Pfeffer abschmecken. Die gehackten Kräuter hineinrühren und das Gericht mit den Basilikum- und den Petersilienblättern garnieren.

Glasierte Karotten mit Honig

Zubereitungszeit: ca. 20 Minuten

Sie benötigen für 4 Portionen:
1 kg kleine Frühlingskarotten mit Grün
1 Bund Koriander
2 EL Öl
ca. 2 EL Butter
1 EL Honig
100 g Pinienkerne
Salz
weißen Pfeffer aus der Mühle

So wird's gemacht:

1. Die Karotten waschen, schälen und das Grün bis auf ½ cm abschneiden. Den Koriander waschen und die Blätter von den Stielen zupfen.

2. Nun 1 Eßlöffel Öl im Wok erhitzen, ihn damit ausschwenken und das Öl wieder abgießen. Diesen Vorgang einmal wiederholen.

3. Dann die Butter im Wok erhitzen, den Honig zusammen mit 2 Eßlöffeln Wasser hineingeben und aufkochen lassen. Die Karotten darin je nach Größe etwa 2½ Minuten glasieren.

4. Den Koriander und die Pinienkerne hinzufügen und das Gericht mit Salz und Pfeffer abschmecken.

Aubergineneintopf mit Kokosnuß

Zubereitungszeit: ca. ½ Stunde

Sie benötigen für 4 Portionen:
100 g kleine grüne Auberginen
1 kleine blaue Aubergine (200 g)
2 rote Chilischoten
100 g gelben Zucchino
2 Stangen Porree
14 Blätter Koriander
14 Blätter Basilikum
10 Blätter Borretsch
24 Borretschblüten
ca. 2 EL Öl
200 g Kokossahne (siehe Seite 16)
1 EL gelbe Currypaste
80 g geschälte Mandeln
1 TL Sojasauce
Salz
weißen Pfeffer aus der Mühle

So wird's gemacht:

1. Die Auberginen waschen. Die grüne Frucht halbieren, die blaue Aubergine in große Würfel schneiden. Die Chilischoten waschen, halbieren und entkernen. Den Zucchino in Scheiben schneiden.

2. Den Porree putzen, waschen und nur das helle Stück in etwa 1 cm große Ringe schneiden. Den Koriander und das Basilikum waschen und die Blätter von den Stielen zupfen. Die Borretschblätter waschen und in Streifen schneiden. Die Borretschblüten waschen.

3. Nun 1 Eßlöffel Öl im Wok erhitzen, ihn damit ausschwenken und das Öl wieder abgießen. Diesen Vorgang einmal wiederholen.

4. Die Kokossahne und die Currypaste in den Wok geben und darin aufkochen lassen. Das vorbereitete Gemüse und die Mandeln hinzufügen und etwa 2 Minuten kochen. Dann die Kräuter dazugeben und alles gut verrühren.

5. Das Gericht mit der Sojasauce, Salz und Pfeffer abschmecken und mit den Borretschblüten garnieren.

Zucchini mit Tomaten und Parmesan

Zubereitungszeit: ca. 25 Minuten

Sie benötigen für 4 Portionen:

- 600 g Zucchini
- 2 Schalotten
- 2 Knoblauchzehen
- 2 Fleischtomaten
- 1 Bund glatte Petersilie
- ca. 6 EL Olivenöl
- rosa und weißen Pfeffer aus der Mühle
- Salz
- 50 g kalte Butter
- 100 g geriebenen Parmesan

So wird's gemacht:

1. Die Zucchini waschen, putzen und in 2 cm große Stifte schneiden. Die Schalotten und die Knoblauchzehen schälen und beides in feine Würfel schneiden. Die Tomaten über Kreuz einritzen, kurz überbrühen, abschrecken, enthäuten und die Stielansätze entfernen. Die Tomaten dann halbieren, entkernen und in feine Würfel schneiden. Die Petersilie waschen und fein hacken.

2. Nun 1 Eßlöffel Öl im Wok erhitzen, ihn damit ausschwenken und das Öl wieder abgießen. Diesen Vorgang einmal wiederholen.

3. Dann noch etwas Öl im Wok erhitzen und nun den Knoblauch und die Schalotten darin kurz anbraten. Die Zucchinistifte dazugeben und etwa 20 Sekunden mitbraten.

4. Die Tomatenwürfel und die Petersilie darunterheben, kurz im Wok erhitzen und alles mit Pfeffer und Salz abschmecken.

5. Die Butter in kleinen Stücken darunterrühren und das Gericht mit dem Parmesan bestreuen.

Buntes Gemüseragout

Zubereitungszeit: ca. ½ Stunde

Sie benötigen für 4 Portionen:

100 g Auberginen
100 g Zucchino
100 g grüne Paprikaschoten
100 g rote Paprikaschoten
100 g Bleichsellerie
100 g Zwiebeln
2 Knoblauchzehen
1 Frühlingszwiebel
1 Zweig Basilikum
1 Zweig Thymian
1 Zweig Oregano
1 Bund Petersilie
Thymian- und Oreganoblüten zum Garnieren
2 Fleischtomaten
1 EL Speisestärke
Salz
weißen Pfeffer aus der Mühle
ca. 6 EL Olivenöl

So wird's gemacht:

1. Die Aubergine, den Zucchino, die Paprikaschoten und den Sellerie waschen, putzen und in mittelgroße Würfel schneiden. Die Zwiebeln und die Knoblauchzehen schälen und fein hacken. Die Frühlingszwiebel putzen und fein würfeln. Die Kräuter waschen und fein hacken. Die Thymian- und die Oreganoblüten waschen.

2. Die Tomaten über Kreuz einritzen, kurz überbrühen, abschrecken, enthäuten und die Stielansätze herausschneiden. Dann die Tomaten vierteln, entkernen und zusammen mit der Speisestärke, Salz und Pfeffer im Mixer pürieren.

3. Nun 1 Eßlöffel Öl im Wok erhitzen, ihn damit ausschwenken und das Öl wieder abgießen. Diesen Vorgang einmal wiederholen.

4. Dann nochmals etwas Öl im Wok erhitzen und nun zuerst die Zwiebeln und den Knoblauch darin kurz anbraten. Dann das restliche Gemüse hinzufügen und alles unter ständigem Rühren etwa 2 Minuten braten.

5. Das Gemüse mit dem Tomatenpüree ablöschen und dieses kurz aufkochen lassen. Das Gericht mit Salz und Pfeffer abschmecken und die Kräuter darunterrühren.

6. Das Ragout mit den Thymian- und den Oreganoblüten garnieren.

Gebratenes Gemüse mit Honig

Zubereitungszeit: ca. 35 Minuten

Sie benötigen für 4 Portionen:

100 g frischen Fingermais oder nicht sauer eingelegte Maiskölbchen aus der Dose
2 Frühlingszwiebeln
je 1 rote und grüne Paprikaschote
100 g Champignons
2 Knoblauchzehen
10 g junge Ingwerwurzel
1 Zweig Koriander
ca. 6 EL Erdnußöl
1 EL Honig
1 EL Obstessig
1 Msp. Sambal Oelek
1 EL Sojasauce
Salz
weißen Pfeffer aus der Mühle
einige unbehandelte Lilienblüten zum Garnieren

So wird's gemacht:

1. Den Fingermais waschen, die Maiskölbchen aus der Dose nur abtropfen lassen. Die Frühlingszwiebeln putzen, waschen und in kleine Ringe schneiden. Die Paprikaschoten putzen, waschen, halbieren, entkernen und in 1 cm große Würfel schneiden.

2. Die Champignons putzen, kurz waschen und dann halbieren. Die Knoblauchzehen schälen und in feine Scheiben schneiden. Den Ingwer schälen und ebenfalls in feine Scheiben schneiden. Den Koriander waschen und die Blätter abzupfen.

3. Nun 1 Eßlöffel Öl im Wok erhitzen, ihn damit ausschwenken und das Öl wieder abgießen. Diesen Vorgang einmal wiederholen.

4. Dann noch etwas Öl im Wok erhitzen und nun den Knoblauch sowie den Ingwer darin kurz anbraten. Das übrige Gemüse und die Pilze dazugeben und unter ständigem Rühren etwa ½ Minute mitbraten.

5. Dann den Honig und den Essig hineinrühren und das Ganze mit Sojasauce, Salz und Pfeffer abschmecken. Den Koriander dazugeben, das Gemüse anrichten und mit den Lilienblüten garnieren.

Gebratener schwarzer Reis mit Eiern

Zubereitungszeit: ca. 20 Minuten

Sie benötigen für 4 Portionen:

100 g schwarzen Reis oder Rundkornreis
Salz
6 Eier
1 TL Sojasauce
½ TL Shrimpspaste
weißen und rosa Pfeffer aus der Mühle
1 grüne Paprikaschote
1 rote Chilischote
1 Frühlingszwiebel
1 Zweig Basilikum
ca. 6 EL Sesamöl

So wird's gemacht:

1. Den Reis in Salzwasser bißfest kochen, mit kaltem Wasser klarspülen und gut abtropfen lassen. Die Eier mit Sojasauce, Shrimpspaste, Salz sowie weißem und rosa Pfeffer gut verquirlen.
2. Die Paprikaschote und die Chilischote waschen, halbieren, entkernen und in feine Würfel schneiden. Die Frühlingszwiebel putzen, waschen und in feine Ringe schneiden. Das Basilikum waschen, die Blätter von den Stielen zupfen und einige für die Garnitur aufheben. Die restlichen in Streifen schneiden.
3. Nun 1 Eßlöffel Öl im Wok erhitzen, ihn damit ausschwenken und das Öl wieder abgießen. Diesen Vorgang einmal wiederholen.
4. Dann nochmals etwas Öl im Wok erhitzen und nun die Paprika- sowie die Chiliwürfel und die Frühlingszwiebel darin kurz anbraten.
5. Den Reis hinzufügen und etwa ½ Minute braten. Die verquirlten Eier und die Basilikumstreifen dazugeben und unter ständigem Rühren etwa ½ Minute braten.
6. Zum Schluß das Gericht mit den Basilikumblättern garnieren.

Rote Linsen mit Kaisoalgen

Zubereitungszeit: ca. 25 Minuten

Sie benötigen für 4 Portionen:

200 g rote Linsen
50 g Schalotten
1 Karotte
1 Stange Porree
80 g Bleichsellerie
20 g getrocknete Kaisoalgen
1 Fleischtomate
1 Zweig Koriander
einige Borretschblüten
2 EL Öl
ca. 2 EL Butterschmalz
¾ l Hühnerbrühe
Salz, weißen Pfeffer aus der Mühle
1 EL Sojasauce
1 Msp. Cayennepfeffer

So wird's gemacht:

1. Die Linsen waschen und gut abtropfen lassen. Die Schalotten und die Karotten schälen und beides in feine Würfel schneiden. Den Porree und den Sellerie putzen, waschen und in kleine Stücke schneiden. Die Algen in kaltem Wasser etwa 10 Minuten quellen lassen, dann abschütten und abtropfen lassen.
2. Die Tomate über Kreuz einritzen, kurz überbrühen, abschrecken, enthäuten und den Stielansatz herausschneiden. Dann die Tomate halbieren, entkernen und in kleine Würfel schneiden. Den Koriander waschen und die Blätter von den Stielen zupfen. Die Borretschblüten waschen.
3. Nun 1 Eßlöffel Öl im Wok erhitzen, ihn damit ausschwenken und das Öl wieder abgießen. Diesen Vorgang einmal wiederholen.
4. Dann das Butterschmalz im Wok erhitzen und Schalotten, Sellerie, Karotte und Porree darin kurz braten. Die Linsen dazugeben, die Hühnerbrühe angießen und alles 8 bis 10 Minuten leicht köcheln lassen. Die Linsen müssen noch bißfest sein.
5. Die Algen, die Tomaten und den Koriander hinzufügen. Das Gericht mit Salz, Pfeffer, Sojasauce und Cayennepfeffer abschmecken und mit den Borretschblüten garnieren.

Gebrannte Gerste mit kleinem Gemüse

Zubereitungszeit: ca. 35 Minuten

Sie benötigen für 4 Portionen:

150 g mittelfeine Gerstengraupen
50 g Schalotten
1 kleine Karotte
50 g Sellerieknolle
1 Stange Porree
100 g schwarze Trüffeln
ca. 6 EL Traubenkernöl
¾ l Geflügelfond
Salz
weißen Pfeffer aus der Mühle
geriebene Muskatnuß

So wird's gemacht:

1. Die Graupen in heißem Wasser etwa 10 Minuten quellen lassen, abschütten, mit kaltem Wasser abspülen und gut abtropfen lassen. Die Schalotten, die Karotte und den Sellerie schälen und alles in feine Würfel schneiden. Den Porree putzen, waschen und in kleine Stücke schneiden. Die Trüffeln waschen und in Scheibchen hobeln.

2. Nun 1 Eßlöffel Öl im Wok erhitzen, ihn damit ausschwenken und das Öl wieder abgießen. Diesen Vorgang einmal wiederholen.

3. Dann nochmals etwas Öl im Wok erhitzen und nun die Graupen darin etwa 1½ Minuten anrösten. Das Gemüse dazugeben, den Geflügelfond angießen und aufkochen lassen.

4. Den Wok mit einem Deckel verschließen und alles 12 bis 15 Minuten leicht köcheln lassen. Das Gericht mit Salz, Pfeffer und Muskat abschmecken und die Trüffeln dazugeben.

Pilzragout mit rotem Curry

Zubereitungszeit: ca. 1/2 Stunde

Sie benötigen für 4 Portionen:

50 g getrocknete Mu-err-Pilze
50 g getrocknete weiße Morcheln (Bärentatzen)
200 g Austernpilze
400 g Champignons
2 Knoblauchzehen
2 Schalotten
1 Bund glatte Petersilie
ca. 6 EL Erdnußöl
200 g Kokossahne (siehe Seite 16)
1 EL rote Currypaste
etwas Sojasauce
Salz
weißen Pfeffer aus der Mühle

So wird's gemacht:

1. Die Mu-err-Pilze und die Morcheln in einer großen Schüssel in lauwarmem Wasser 10 Minuten quellen lassen. Sie anschließend herausnehmen und abtropfen lassen. Die Austernpilze und die Champignons putzen, kurz waschen und vierteln. Die Knoblauchzehen und die Schalotten schälen und beides fein hacken. Die Petersilie waschen und auch fein hacken.

2. Nun 1 Eßlöffel Öl im Wok erhitzen, ihn damit ausschwenken und das Öl wieder abgießen. Diesen Vorgang einmal wiederholen.

3. Dann noch etwas Öl im Wok erhitzen und nun den Knoblauch und die Schalotten darin kurz anbraten. Die Pilze dazugeben und etwa 1/2 Minute mitschmoren.

4. Die Kokossahne und die Currypaste hineinrühren und alles etwa 3 Minuten kochen lassen.

5. Das Ragout mit Sojasauce, Salz und Pfeffer abschmecken und mit der gehackten Petersilie bestreuen.

Shiitakepilze mit schwarzen Nüssen

Zubereitungszeit: ca. 20 Minuten

Sie benötigen für 4 Portionen:

600 g Shiitakepilze
16 eingelegte schwarze Walnüsse mit Saft
1 EL Speisestärke
2 Frühlingszwiebeln
16 Blätter grünes Basilikum
8 Blätter rotes Basilikum
ca. 6 EL Walnußöl
1 EL Sojasauce
1 EL Fischsauce
Salz
schwarzen Pfeffer aus der Mühle

So wird's gemacht:

1. Die Pilze putzen, waschen und gut abtropfen lassen. Die Walnüsse abtropfen lassen und den Saft dabei auffangen. Die Nüsse halbieren, den Saft mit der Speisestärke anrühren und beiseite stellen.

2. Die Frühlingszwiebeln putzen, waschen und in 2 cm große Stücke schneiden. Das grüne Basilikum waschen und in feine Streifen schneiden. Das rote Basilikum waschen.

3. Nun 1 Eßlöffel Öl im Wok erhitzen, ihn damit ausschwenken und das Öl wieder abgießen. Diesen Vorgang einmal wiederholen.

4. Dann noch etwas Öl im Wok erhitzen und nun die Pilze sowie die Frühlingszwiebeln darin ganz kurz anbraten. Die Nüsse zusammen mit dem angerührten Saft dazugeben und etwa 1/2 Minute mitkochen lassen.

5. Das grüne Basilikum hinzufügen, das Gericht zusammen mit der Soja- und der Fischsauce sowie mit Salz und Pfeffer abschmecken und dann mit den roten Basilikumblättern garnieren.

Champignons mit Sardellensauce

Zubereitungszeit: ca. 25 Minuten

Sie benötigen für 4 Portionen:

600 g kleine Champignons
2 Schalotten
1 Fleischtomate
1 Stange Zitronengras
1 Bund glatte Petersilie
ca. 6 EL Olivenöl
2 EL Sardellenpaste
60 g kalte Butter
schwarzen Pfeffer aus der Mühle
Salz
4 Weißbrotscheiben
8 eingelegte Sardellenfilets

So wird's gemacht:

1. Die Champignons putzen und kurz waschen. Die Schalotten schälen und in feine Ringe schneiden. Die Tomate über Kreuz einritzen, kurz überbrühen, abschrecken, enthäuten und die Stielansätze herausschneiden. Die Tomate halbieren, entkernen und fein würfeln. Das Zitronengras waschen und in kleine Stücke schneiden. Die Petersilie waschen und grob hacken.

2. Nun 1 Eßlöffel Öl im Wok erhitzen, ihn damit ausschwenken und das Öl wieder abgießen. Diesen Vorgang einmal wiederholen.

3. Dann noch etwas Öl im Wok erhitzen und nun die Champignons, die Schalotten und das Zitronengras darin in etwa 20 Sekunden unter ständigem Rühren goldbraun braten.

4. Die Tomatenwürfel und die Hälfte der Petersilie hinzufügen und alles gut umrühren. Die Sardellenpaste und die Butter in kleinen Stückchen hineinrühren und alles mit Pfeffer und Salz abschmecken.

5. Die Weißbrotscheiben goldbraun rösten und mit der restlichen Petersilie bestreuen. Mit den Sardellenfilets belegen und zu den Champignons servieren.

羊羔
水牛
汤

Nudelgerichte, Eiergerichte und Teigtaschen

Nudel- und Eiergerichte sind etwas für die Ungeduldigen unter uns, denn sie können schnell und zugleich in immer neuen Geschmacksrichtungen zubereitet werden. Für diejenigen, die es knusprig lieben, hält dieses Kapitel Rezepte für Teigtaschen mit einer Reihe unterschiedlicher Füllungen bereit.

Gebratene Glasnudeln mit Lachsstreifen

Zubereitungszeit: ca. ½ Stunde

Sie benötigen für 4 Portionen:

- 300 g Glasnudeln
- 200 g Lachsfilet
- Salz, weißen Pfeffer aus der Mühle
- 3 EL Speisestärke
- 2 Frühlingszwiebeln
- 1 Zweig Koriander
- ca. 6 EL Traubenkernöl
- 3 cl trockenen Weißwein

So wird's gemacht:

1. Die Glasnudeln etwa 10 Minuten in heißem Wasser quellen lassen. Sie dann abgießen und gut abtropfen lassen.

2. Das Lachsfilet waschen, trockentupfen und in 1 cm breite Streifen schneiden. Sie salzen, pfeffern und in 2 Eßlöffeln Speisestärke wenden.

3. Die Frühlingszwiebeln putzen, waschen und in 1 cm große Ringe schneiden. Den Koriander waschen und die Blätter von den Stielen zupfen.

4. Nun 1 Eßlöffel Öl im Wok erhitzen, ihn damit ausschwenken und das Öl wieder abgießen. Diesen Vorgang einmal wiederholen.

5. Dann noch etwas Öl im Wok erhitzen und nun die Frühlingszwiebeln darin kurz anbraten. Die Lachsstreifen dazugeben und vorsichtig etwa 10 Sekunden mitbraten. Anschließend alles herausnehmen und beiseite stellen.

6. Die Nudeln im Wok kurz braten, den Lachs, die Zwiebeln und den Koriander hinzufügen und einmal vorsichtig umrühren.

7. Die restliche Speisestärke mit dem Weißwein anrühren, in den Wok geben und alles einmal aufkochen lassen. Das Gericht mit Salz und Pfeffer abschmecken.

Gebratene Glasnudeln mit Gemüse und Hühnerbrust

Zubereitungszeit: ca. ½ Stunde

Sie benötigen für 4 Portionen:

280 g Glasnudeln
250 g Hühnerbrust
Salz
weißen Pfeffer aus der Mühle
1 EL Speisestärke
1 Frühlingszwiebel
120 g Sojabohnenkeimlinge
100 g braune Champignons
ca. 6 EL Erdnußöl
1 Msp. geriebene Muskatnuß
2 EL Sojasauce

So wird's gemacht:

1. Die Glasnudeln etwa 10 Minuten in heißem Wasser quellen lassen. Sie dann abgießen und gut abtropfen lassen.

2. Die Hühnerbrust waschen und trockentupfen. Das Fleisch in feine Streifen schneiden, salzen, pfeffern und in der Speisestärke wenden. Die Frühlingszwiebeln putzen, waschen und in feine Röllchen schneiden.

3. Die Sojabohnenkeimlinge waschen und gut abtropfen lassen. Die Champignons putzen, kurz waschen und vierteln.

4. Nun 1 Eßlöffel Öl im Wok erhitzen, ihn damit ausschwenken und das Öl wieder abgießen. Diesen Vorgang einmal wiederholen.

5. Dann noch etwas Öl im Wok erhitzen und nun die Hühnerbrust darin in etwa 1½ Minuten goldbraun braten. Sie anschließend herausnehmen und beiseite legen.

6. Die Champignons und die Frühlingszwiebeln in den Wok geben, etwa ½ Minute anbraten und herausnehmen.

7. Nun die Nudeln in den Wok geben und etwa 20 Sekunden braten. Die Sojabohnenkeimlinge hinzufügen und weitere 20 Sekunden braten.

8. Die Hühnerbrust, die Frühlingszwiebeln und die Champignons dazugeben und noch einmal kurz darin erwärmen und alles mit Salz, Pfeffer, Muskat und Sojasauce abschmecken.

Glasnudeln mit asiatischen Pilzen

Zubereitungszeit: ca. 1/2 Stunde

Sie benötigen für 4 Portionen:

350 g Glasnudeln
30 g getrocknete Mu-err-Pilze
30 g getrocknete weiße Morcheln (Bärentatzen)
100 g Austernpilze
100 g Shiitakepilze
2 Schalotten
1 Zweig Estragon
1 Bund glatte Petersilie
ca. 6 EL Walnußöl
1/8 l süße Sahne
Salz
weißen Pfeffer aus der Mühle

So wird's gemacht:

1. Die Glasnudeln etwa 10 Minuten in heißem Wasser quellen lassen. Sie abgießen und abtropfen lassen.
2. Die getrockneten Pilze etwa 10 Minuten in etwas lauwarmem Wasser quellen lassen. Sie anschließend herausnehmen, abtropfen lassen und die Stiele abschneiden.
3. Die Austern- und die Shiitakepilze putzen, waschen und halbieren. Die Schalotten schälen und fein hacken. Den Estragon und die Petersilie waschen und jeweils einige Blätter für die Garnitur aufheben. Die restlichen fein hacken.
4. Nun 1 Eßlöffel Öl im Wok erhitzen, ihn damit ausschwenken und das Öl wieder abgießen. Diesen Vorgang einmal wiederholen.
5. Dann noch etwas Öl im Wok erhitzen und nun die Schalotten darin kurz anbraten. Alle Pilze dazugeben und etwa 15 Sekunden mitbraten. Die Sahne angießen und etwa 3 Minuten einreduzieren lassen.
6. Die Nudeln zusammen mit dem Estragon und der Petersilie in der Sauce kurz erwärmen. Das Gericht mit Salz und Pfeffer abschmecken und mit einigen Estragon- und Petersilienblättern garnieren.

Nudeln mit geröstetem Schwarzwälder Schinken

Zubereitungszeit: ca. 25 Minuten

Sie benötigen für 4 Portionen:

300 g muschelförmige Nudeln (Conchiglie)
Salz
150 g Schwarzwälder Schinken
1 Bund Petersilie
100 g Schalotten
4 Eigelb
1/4 l süße Sahne
etwas geriebene Muskatnuß
weißen Pfeffer aus der Mühle
2 EL Öl
ca. 2 EL Butterschmalz

So wird's gemacht:

1. Die Nudeln in reichlich Salzwasser bißfest kochen, abschrecken und gut abtropfen lassen.
2. Den Schinken in feine Streifen schneiden. Die Petersilie waschen und einige Blätter für die Garnitur aufheben. Die restlichen fein hacken. Die Schalotten schälen und in feine Würfel schneiden. Die Eigelbe mit der Sahne, Muskat, Salz und Pfeffer gut verquirlen.
3. Nun 1 Eßlöffel Öl im Wok erhitzen, ihn damit ausschwenken und das Öl wieder abgießen. Diesen Vorgang einmal wiederholen.
4. Dann etwas Butterschmalz im Wok erhitzen und den Schinken sowie die Schalotten darin kurz goldbraun braten. Die Nudeln und die gehackte Petersilie dazugeben und kurz darin erwärmen.
5. Die Eimasse hinzufügen und so lange ständig umrühren, bis sich die Masse mit den Nudeln verbunden hat.
6. Dann die Nudelmischung sofort herausnehmen und mit den Petersilienblättern garnieren.

Gebratene Nudeln mit Paprika und Schweinefilet

Zubereitungszeit: ca. 35 Minuten

Sie benötigen für 4 Portionen:

300 g Bandnudeln, Salz
200 g küchenfertiges Schweinefilet
schwarzen Pfeffer aus der Mühle
2 EL Speisestärke
125 g rote Paprikaschote
125 g grüne Paprikaschote
1 Zwiebel
1 Frühlingszwiebel
16 Blätter Basilikum
ca. 6 EL Erdnußöl
2 EL Tomatenketchup
1 EL Sojasauce
1 Msp. Sambal Manis

So wird's gemacht:

1. Die Nudeln in Salzwasser bißfest kochen, abschrecken und gut abtropfen lassen. Das Schweinefilet quer zur Faser in feine Scheiben schneiden, salzen, pfeffern und in der Speisestärke wenden.

2. Die Paprikaschoten waschen, putzen, halbieren, entkernen und in feine Streifen schneiden. Die Zwiebel schälen und achteln. Die Frühlingszwiebel putzen, waschen und in 1 cm große Stücke schneiden. Das Basilikum waschen.

3. Nun 1 Eßlöffel Öl im Wok erhitzen, ihn damit ausschwenken und das Öl abgießen. Den Vorgang wiederholen.

4. Dann noch etwas Öl im Wok erhitzen und nun die Zwiebel und die Paprikastreifen darin etwa 1 Minute anbraten. Sie anschließend herausnehmen und beiseite stellen.

5. Das Schweinefilet und die Frühlingszwiebel in den Wok geben und etwa 1 Minute darin braten. Das beiseitegelegte Gemüse wieder hinzufügen und alles mit Ketchup, Sojasauce, Sambal Manis, Salz und Pfeffer abschmecken.

6. Die Nudeln in den Wok geben und kurz darin erwärmen. Das Gericht mit dem Basilikum garnieren.

Nudeln in Safransauce mit Krevetten

Zubereitungszeit: ca. ½ Stunde

Sie benötigen für 4 Portionen:

500 g Bandnudeln
Salz
200 g ausgelöste Krevetten
1 Knoblauchzehe
1 Frühlingszwiebel
5 g junge Ingwerwurzel
1 Zweig Kerbel
ca. 6 EL Traubenkernöl
1 Msp. Safranpulver
½ l süße Sahne
weißen Pfeffer aus der Mühle

So wird's gemacht:

1. Die Nudeln in Salzwasser bißfest kochen, abschrecken und gut abtropfen lassen. Die Krevetten kurz waschen.

2. Die Knoblauchzehe schälen und fein hacken. Die Frühlingszwiebel putzen, waschen und in 1 cm große Stücke schneiden. Den Ingwer schälen und fein hacken. Den Kerbel waschen und die Blätter von den Stielen zupfen.

3. Nun 1 Eßlöffel Öl im Wok erhitzen, ihn damit ausschwenken und das Öl wieder abgießen. Diesen Vorgang einmal wiederholen.

4. Dann noch etwas Öl im Wok erhitzen und nun den Ingwer, den Knoblauch und die Frühlingszwiebel darin kurz anbraten. Den Safran und die Sahne dazugeben und sie auf die Hälfte einreduzieren lassen.

5. Die Nudeln und die Krevetten in der Sauce kurz erwärmen. Das Gericht mit Salz und Pfeffer abschmekken und mit den Kerbelblättchen garnieren.

Gebratene Nudeln mit Krabben und Bambussprossen

Zubereitungszeit: ca. 35 Minuten

Sie benötigen für 4 Portionen:

350 g Bandnudeln
Salz
180 g ausgelöste Krabben
120 g Bambussprossen
(frisch oder aus der Dose)
1 Knoblauchzehe
100 g Kirschtomaten
1 Bund Basilikum
ca. 6 EL Traubenkernöl
2 EL Tomatenketchup
2 EL Sojasauce
1 TL Shrimpspaste
weißen Pfeffer aus der Mühle

So wird's gemacht:

1. Die Nudeln in Salzwasser bißfest kochen, abschrecken und gut abtropfen lassen.

2. Die Krabben waschen und trokkentupfen.

3. Die frischen Bambussprossen waschen, von der Außenhaut befreien und in feine Streifen schneiden. Die Dosenware nur abtropfen lassen und in Streifen schneiden. Die Knoblauchzehe schälen und fein hacken. Die Kirschtomaten waschen und halbieren. Das Basilikum waschen und zwölf Blätter für die Garnitur aufheben. Die restlichen in feine Streifen schneiden.

4. Nun 1 Eßlöffel Öl im Wok erhitzen, ihn damit ausschwenken und das Öl wieder abgießen. Diesen Vorgang einmal wiederholen.

5. Dann noch etwas Öl im Wok erhitzen und nun die Nudeln darin kurz anbraten. Das vorbereitete Gemüse und die Basilikumstreifen in den Wok geben und kurz darin erhitzen.

6. Das Gericht mit Ketchup, Sojasauce, Shrimpspaste, Salz und Pfeffer abschmecken und mit den Basilikumblättern garnieren.

Grüne Nudeln in Knoblauchsauce

Zubereitungszeit: ca. 20 Minuten

Sie benötigen für 4 Portionen:

600 g schmale grüne Bandnudeln
Salz
100 g frischen Blattspinat
4 Knoblauchzehen
ca. 6 EL Traubenkernöl
125 g Mandelstifte
½ l süße Sahne
weißen Pfeffer aus der Mühle

So wird's gemacht:

1. Die Nudeln in Salzwasser bißfest kochen, abschrecken und gut abtropfen lassen.

2. Den Spinat putzen und die Stiele entfernen. Den Spinat waschen und einige Blätter für die Garnitur aufheben. Die restlichen in feine Streifen schneiden. Die Knoblauchzehen schälen und fein hacken.

3. Nun 1 Eßlöffel Öl im Wok erhitzen, ihn damit ausschwenken und das Öl wieder abgießen. Diesen Vorgang einmal wiederholen.

4. Dann noch etwas Öl im Wok erhitzen und nun den Knoblauch sowie die Mandelstifte darin kurz anrösten. Sie anschließend herausnehmen und beiseite stellen.

5. Die Sahne in den Wok geben und auf die Hälfte einreduzieren lassen. Den Spinat hinzufügen und etwa 1 Minute mitkochen, bis er zusammenfällt.

6. Die Nudeln, den Knoblauch und die Mandeln vorsichtig unter den Spinat mischen und alles mit Salz und Pfeffer abschmecken. Das Gericht mit einigen Spinatblättern garnieren.

Eier mit Tomaten und Basilikum

Zubereitungszeit: ca. 20 Minuten

Sie benötigen für 4 Portionen:

- 12 Eier
- Salz
- weißen und rosa Pfeffer aus der Mühle
- 80 g Schalotten
- 300 g Fleischtomaten
- 1 Bund Basilikum
- 2 EL Öl
- ca. 2 EL Butterschmalz

So wird's gemacht:

1. Die Eier mit Salz und Pfeffer gut verquirlen.

2. Die Schalotten schälen und fein hacken. Die Tomaten über Kreuz einritzen, kurz überbrühen, abschrecken, enthäuten und die Stielansätze herausschneiden. Dann die Tomaten halbieren, entkernen und in feine Würfel schneiden. Das Basilikum waschen und die Blätter von den Stielen zupfen. Einige Blätter für die Gewürze aufheben, die restlichen in feine Streifen schneiden.

3. Nun 1 Eßlöffel Öl im Wok erhitzen, ihn damit ausschwenken und das Öl wieder abgießen. Diesen Vorgang einmal wiederholen.

4. Dann etwas Butterschmalz im Wok erhitzen und die Schalotten darin kurz anbraten. Die Tomaten und das Basilikum dazugeben, mit Salz und Pfeffer abschmecken und etwa 10 Sekunden braten.

5. Die Eimasse hinzufügen und unter ständigem Rühren etwa 15 Sekunden braten, bis sie stockt. Das Gericht zum Schluß mit dem Basilikum garnieren.

Gebratene Eier mit Mango und Curry

Zubereitungszeit: ca. 20 Minuten

Sie benötigen für 4 Portionen:

- 12 Eier
- Salz
- weißen Pfeffer aus der Mühle
- 1 TL Currypulver
- Saft von ½ Limette oder Zitrone
- 2 Mangos
- 1 Bund Zitronenmelisse
- 2 EL Öl
- ca. 2 EL Butterschmalz

So wird's gemacht:

1. Die Eier mit Salz, Pfeffer, Currypulver und dem Limetten- oder dem Zitronensaft gut verquirlen.

2. Die Mangos schälen, das Fruchtfleisch in Spalten vom Stein abschneiden und in feine Streifen schneiden. Einige Streifen für die Garnitur aufheben. Die Zitronenmelisse waschen und einige Blätter für die Garnitur aufheben. Die restlichen Blätter in feine Streifen schneiden.

3. Nun 1 Eßlöffel Öl im Wok erhitzen, ihn damit ausschwenken und das Öl wieder abgießen. Diesen Vorgang einmal wiederholen.

4. Dann das Butterschmalz im Wok erhitzen und die Mangostreifen darin kurz anbraten. Die Eimasse und die Zitronenmelissestreifen dazugeben und unter Rühren goldbraun braten.

5. Das Gericht mit den restlichen Mangostreifen und mit den Zitronenmelisseblättern garnieren.

Gebratene Eier mit Gemüse

Zubereitungszeit: ca. ½ Stunde

Sie benötigen für 4 Portionen:

12 Eier
1 TL Sojasauce
1 TL Shrimpspaste
Salz, weißen Pfeffer aus der Mühle
3 Schalotten, 2 Knoblauchzehen
1 Frühlingszwiebel
100 g Zucchino
80 g Kirschtomaten
1 Bund Basilikum
100 g Bambussprossen
(frisch oder aus der Dose)
2 EL Öl
ca. 2 EL Butterschmalz

So wird's gemacht:

1. Die Eier mit der Sojasauce und der Shrimpspaste sowie mit Salz und Pfeffer gut verquirlen.

2. Die Schalotten und die Knoblauchzehen schälen und beides in feine Würfel schneiden. Die Frühlingszwiebel putzen, waschen und in feine Ringe schneiden. Den Zucchino waschen, halbieren und in feine Streifen schneiden.

3. Die Kirschtomaten waschen und halbieren. Das Basilikum waschen und einige Blätter für die Garnitur aufheben. Die restlichen in feine Streifen schneiden. Die frischen Bambussprossen waschen, von der Außenhaut befreien und in Stücke schneiden. Die Dosenware nur abtropfen lassen und kleinschneiden.

4. Nun 1 Eßlöffel Öl im Wok erhitzen, ihn damit ausschwenken und das Öl wieder abgießen. Diesen Vorgang einmal wiederholen.

5. Dann das Butterschmalz im Wok erhitzen und das Gemüse (außer den Tomaten) darin 20 bis 30 Sekunden unter ständigem Rühren braten.

6. Die Eimasse, die Tomaten und die Basilikumstreifen hinzufügen und alles unter Rühren noch 25 Sekunden braten. Mit dem Basilikum garnieren.

Gebratene Eier mit Waldpilzen

Zubereitungszeit: ca. 25 Minuten

Sie benötigen für 4 Portionen:

12 Eier
1 TL Sojasauce
1 TL Shrimpspaste
Salz
weißen Pfeffer aus der Mühle
250 g gemischte Waldpilze
100 g Schalotten
1 Frühlingszwiebel
1 Bund Petersilie
1 Zweig Oregano
2 EL Öl
ca. 2 EL Butterschmalz

So wird's gemacht:

1. Die Eier mit der Sojasauce und der Shrimpspaste sowie mit Salz und Pfeffer gut verquirlen.
2. Die Pilze putzen, waschen, abtropfen lassen und je nach Größe halbieren oder vierteln. Die Schalotten schälen und in feine Würfel schneiden. Die Frühlingszwiebel putzen, waschen und in feine Ringe schneiden. Die Petersilie und den Oregano waschen und beides fein hacken. Etwas Petersilie für die Garnitur aufheben.
3. Nun 1 Eßlöffel Öl im Wok erhitzen, ihn damit ausschwenken und das Öl wieder abgießen. Diesen Vorgang einmal wiederholen.
4. Dann das Butterschmalz im Wok erhitzen und die Schalotten sowie die Frühlingszwiebel darin kurz anbraten. Die Pilze dazugeben und etwa 1 Minute mitbraten.
5. Die Eimasse, die gehackte Petersilie und den Oregano hinzufügen und alles etwa ½ Minute unter Rühren braten. Das Gericht mit der restlichen Petersilie hübsch garnieren.

Gebratene Eier mit schwarzen Pilzen

Zubereitungszeit: ca. 20 Minuten

Sie benötigen für 4 Portionen:

12 Eier
1 Msp. Sambal Oelek
1 TL Sojasauce
Salz
weißen und rosa Pfeffer aus der Mühle
100 g getrocknete Mu-err-Pilze
100 g Schalotten
1 Bund Schnittlauch
1 Zweig Kerbel
2 EL Öl
ca. 2 EL Butterschmalz

So wird's gemacht:

1. Die Eier mit Sambal Oelek, Sojasauce, Salz und weißem und rosa Pfeffer gut verquirlen.
2. Die Mu-err-Pilze etwa 10 Minuten in etwas lauwarmem Wasser quellen lassen. Sie anschließend herausnehmen, abtropfen lassen und die Stiele abschneiden. Die Schalotten schälen und in feine Würfel schneiden. Den Schnittlauch waschen und in feine Röllchen schneiden. Den Kerbel waschen.
3. Nun 1 Eßlöffel Öl im Wok erhitzen, ihn damit ausschwenken und das Öl wieder abgießen. Diesen Vorgang einmal wiederholen.
4. Dann das Butterschmalz im Wok erhitzen und die Schalotten darin kurz anbraten. Die Pilze hinzufügen, sie unter ständigem Rühren etwa 2 Minuten braten und alles mit Salz und Pfeffer würzen.
5. Die Eimasse und den Schnittlauch hinzufügen und kurz unter ständigem Rühren braten, bis die Eimasse stockt. Das Gericht mit dem Kerbel garnieren.

Gebratene Eier mit Tamarillos

Zubereitungszeit: ca. 20 Minuten

Sie benötigen für 4 Portionen:

12 Eier
etwas geriebene Muskatnuß
1 Msp. Sambal Oelek
Salz
weißen und rosa Pfeffer aus der Mühle
6 Tamarillos (Baumtomaten)
1 Bund Schnittlauch
1 Zweig Koriander
2 EL Öl
ca. 2 EL Butterschmalz

So wird's gemacht:

1. Die Eier mit Muskat, Sambal Oelek, Salz und weißem und rosa Pfeffer gut verquirlen.

2. Die Tamarillos waschen, schälen und vierteln. Den Schnittlauch waschen und in feine Röllchen schneiden. Den Koriander waschen und die Blätter von den Stielen zupfen. Einige Blätter für die Garnitur aufheben.

3. Nun 1 Eßlöffel Öl im Wok erhitzen, ihn damit ausschwenken und das Öl wieder abgießen. Diesen Vorgang einmal wiederholen.

4. Dann das Butterschmalz im Wok erhitzen und die Tamarillos, den Schnittlauch und den Koriander darin etwa 20 Sekunden anbraten.

5. Die Eimasse hinzufügen und unter ständigem Rühren etwa 20 Sekunden mitbraten. Das Gericht mit dem Koriander garnieren.

Gebratene Eier mit Krevetten

Zubereitungszeit: ca. 20 Minuten

Sie benötigen für 4 Portionen:

- 12 Eier
- ½ TL Sojasauce
- ½ TL Shrimpspaste
- Salz
- weißen Pfeffer aus der Mühle
- 150 g ausgelöste Krevetten
- 1 Knoblauchzehe
- 1 rote Chilischote
- 1 Frühlingszwiebel
- 2 EL Öl
- ca. 2 EL Butterschmalz
- 1 Zweig Dill

So wird's gemacht:

1. Die Eier mit der Sojasauce, der Shrimpspaste, Salz und Pfeffer gut verquirlen.

2. Die Krevetten waschen und gut abtropfen lassen. Die Knoblauchzehe schälen und fein hacken. Die Chilischote waschen, halbieren, entkernen und in feine Streifen schneiden. Die Frühlingszwiebel putzen, waschen und dann in feine Ringe schneiden.

3. Nun 1 Eßlöffel Öl im Wok erhitzen, ihn damit ausschwenken und das Öl wieder abgießen. Diesen Vorgang einmal wiederholen.

4. Dann das Butterschmalz im Wok erhitzen und den Knoblauch, die Chilischote und die Frühlingszwiebel darin kurz anbraten.

5. Die Krevetten hinzufügen und etwa ½ Minute mitbraten. Dann die Eimasse dazugeben und etwa ½ Minute unter Rühren braten. Das Gericht mit dem Dill garnieren.

Gebratene Eier mit Räucherlachs

Zubereitungszeit: ca. 20 Minuten

Sie benötigen für 4 Portionen:

- 12 Eier
- Saft von ½ Zitrone
- Salz
- rosa Pfeffer aus der Mühle
- 150 g Räucherlachs
- 1 Frühlingszwiebel
- 1 Zweig Koriander
- 2 EL Öl
- ca. 2 EL Butterschmalz

So wird's gemacht:

1. Die Eier mit dem Zitronensaft sowie mit etwas Salz und Pfeffer gut verquirlen.

2. Den Lachs in feine Streifen schneiden. Die Frühlingszwiebel putzen, waschen und in feine Ringe schneiden. Den Koriander waschen und die Blätter von den Stielen zupfen. Einige für die Garnitur aufheben.

3. Nun 1 Eßlöffel Öl im Wok erhitzen, ihn damit ausschwenken und das Öl wieder abgießen. Diesen Vorgang einmal wiederholen.

4. Dann das Butterschmalz im Wok erhitzen und die Frühlingszwiebel darin kurz anbraten. Die Eimasse, die Lachsstreifen und den Koriander dazugeben und unter ständigem Rühren 20 bis 25 Sekunden mitbraten.

5. Das Gericht mit den restlichen Korianderblättern garnieren.

Gebratene Eier mit Räucheraal und Litschis

Zubereitungszeit: ca. 1/2 Stunde

Sie benötigen für 4 Portionen:

- 12 Eier
- 1 Msp. Sambal Oelek
- Salz
- weißen Pfeffer aus der Mühle
- 150 g Räucheraalfilet
- 12 Litschis
- 1 Frühlingszwiebel
- 1 Zweig Koriander
- 1 Zweig Kerbel
- 2 EL Öl
- ca. 2 EL Butterschmalz
- 1 TL rosa Pfefferkörner

So wird's gemacht:

1. Die Eier mit dem Sambal Oelek, Salz und weißem Pfeffer gut verquirlen.

2. Den Räucheraal in feine Streifen schneiden. Die Litschis schälen, halbieren und entkernen. Die Frühlingszwiebel putzen, waschen und in feine Streifen schneiden. Den Koriander waschen und die Blätter von den Stielen zupfen. Den Kerbel waschen.

3. Nun 1 Eßlöffel Öl im Wok erhitzen, ihn damit ausschwenken und das Öl wieder abgießen. Diesen Vorgang einmal wiederholen.

4. Dann das Butterschmalz im Wok erhitzen und die Frühlingszwiebel sowie die Litschis darin etwa 10 Sekunden anbraten.

5. Die Aalstreifen, die Eimasse, den Koriander und den in einem Mörser zerstoßenen rosa Pfeffer hinzufügen und alles unter ständigem Rühren etwa 20 Sekunden braten. Das Gericht mit dem Kerbel garnieren.

Frühlingsrollen mit Kokosnuß und Hähnchenbrust

Zubereitungszeit: ca. 3/4 Std.

Sie benötigen für 4 Personen:

24 Reisblätter (12–14 cm ∅)
100 g Kokosraspel
200 g Hähnchenbrustfilets ohne Knochen und Haut
Salz
weißen Pfeffer aus der Mühle
1 EL Speisestärke
1 Frühlingszwiebel
10 g junge Ingwerwurzel
1 Knoblauchzehe
60 g Sojabohnenkeimlinge
ca. 1/2 l Erdnußöl
2 EL Kokossahne (siehe Seite 16)
1/2 TL rote Currypaste
1 TL Sojasauce

So wird's gemacht:

1. Die Reisblätter einzeln jeweils etwa 1/2 Minute in kaltem Wasser weichen lassen. Sie dann nebeneinander auf Küchenkrepp legen und abtropfen lassen.
2. Die Kokosraspel mit kochendem Wasser überbrühen, etwa 10 Minuten ziehen und dann abtropfen lassen. Die Hähnchenbrustfilets in sehr feine Streifen schneiden. Diese salzen, pfeffern und in der Speisestärke wenden.
3. Die Frühlingszwiebel waschen, putzen und in feine Streifen schneiden. Den Ingwer und die Knoblauchzehe schälen und beides fein hakken. Die Sojabohnenkeimlinge waschen und gut abtropfen lassen.
4. Dann 1 Eßlöffel Öl im Wok erhitzen, ihn damit ausschwenken und das Öl wieder abgießen. Diesen Vorgang einmal wiederholen.
5. Wieder etwas Öl im Wok erhitzen und die Hähnchenbruststreifen darin etwa 20 Sekunden unter ständigem Rühren braten. Frühlingszwiebel, Ingwer, Knoblauch, Kokosraspel und Sojabohnenkeimlinge hinzufügen und alles etwa 1/2 Minute braten. Die Mischung mit Salz, Pfeffer, Kokossahne, Currypaste und Sojasauce abschmecken, in eine Schüssel geben und erkalten lassen.
6. Die Gemüse-Fleisch-Füllung portionsweise in die Mitte der Reisblätter geben. Dann das untere Ende jedes Blattes über die Füllung legen, die beiden seitlichen Ränder nach innen einschlagen und die Reisblätter zusammenrollen. Die Nähte gut andrücken.
7. Das restliche Erdnußöl im gesäuberten Wok erhitzen und die Frühlingsrollen darin 1 1/2 bis 2 Minuten braten, sie dann herausnehmen und auf Küchenkrepp abtropfen lassen. Dazu paßt die rote Chilisauce (siehe Rezept Seite 20).

Reistäschchen mit Garnelen und Ananas

Zubereitungszeit: ca. 40 Minuten

Sie benötigen für 4 Personen:

24 Reisblätter (8–10 cm ∅)
100 g Glasnudeln
180 g frische, ausgelöste Garnelen
Salz
weißen Pfeffer aus der Mühle
1 EL Speisestärke
100 g frische Ananas oder ungesüßte Ananas aus der Dose
1 Frühlingszwiebel
1 Zweig Koriander
5 g junge Ingwerwurzel
ca. 1/2 l Erdnußöl
1 TL Shrimpspaste
1 TL Sojasauce

So wird's gemacht:

1. Die Reisblätter einzeln jeweils etwa 1/2 Minute in kaltem Wasser weichen lassen, sie dann nebeneinander auf Küchenkrepp legen und abtropfen lassen.
2. Die Glasnudeln mit heißem Wasser überbrühen, etwa 10 Minuten weichen und dann gut abtropfen lassen.
3. Die Garnelenschwänze in feine Würfel schneiden, sie salzen, pfeffern und mit der Speisestärke bestäuben. Die frische Ananas schälen und fein würfeln, die Dosenware nur abtropfen lassen und würfeln. Die Frühlingszwiebel putzen, waschen und in feine Röllchen schneiden. Den Koriander waschen und die Blättchen abzupfen. Den Ingwer schälen und fein würfeln.
4. Nun 1 Eßlöffel Öl im Wok erhitzen, ihn damit ausschwenken und das Öl wieder abgießen. Diesen Vorgang einmal wiederholen.
5. Wieder etwas Öl im Wok erhitzen und die Garnelen darin etwa 10 Sekunden unter ständigem Rühren braten. Die Ananas, die Frühlingszwiebel, den Ingwer und den Koriander hinzufügen und alles etwa 1 Minute unter ständigem Rühren mitbraten.
6. Die Glasnudeln hineingeben, die Mischung mit Shrimpspaste, Sojasauce, Salz und Pfeffer abschmecken und in einer Schüssel erkalten lassen.
7. Die Füllung portionsweise in die Mitte der Reisblätter geben. Dann das untere Ende jedes Blattes über die Füllung legen, die beiden seitlichen Ränder nach innen einschlagen und die Reisblätter zusammenrollen. Die Nähte gut andrücken.
8. Das restliche Öl im gesäuberten Wok erhitzen und die Reistaschen darin etwa 1 1/2 Minuten braten.
Sie dann herausnehmen und auf Küchenkrepp abtropfen lassen.
Dazu paßt die rote Chilisauce (siehe Rezept Seite 20).

Rezeptverzeichnis

Suppen

Vorspeisen

Gerichte mit Fleisch

Gerichte mit Geflügel

Gerichte mit Wild

Gerichte mit Fisch

Im FALKEN Verlag sind zahlreiche Titel zum Thema
„Essen und Trinken erschienen.
Bitte fragen Sie in Ihrer Buchhandlung.

Bei diesem Buch handelt es sich um eine aktualisierte Ausgabe des bereits unter dem Titel „Kochen mit dem Wok" (Nr. 4528) erschienenen Buches.

Dieses Buch wurde auf chlorfrei gebleichtem und säurefreiem Papier gedruckt.

Der Verlag dankt der Firma AG SIGG, Frauenfeld (Schweiz), für die freundliche Unterstützung.

ISBN 3 8068 4960 9

Umschlaggestaltung: Peter Udo Pinzer
Redaktion: Marlein Meyer
Umschlagfotos: vorne: **TLC-Foto-Studio GmbH,** Velen-Ramsdorf (Rinderfilet mit Pak Soi, S. 52); hinten: **Brigitte Harms,** Hamburg (Hummerkrabben mit schwarzen Nüssen, S. 113)
Fotos im Innenteil: Brigitte Harms, Hamburg; außer S. 1: **Gisela Kelbert,** Idstein und S. 2/3: **TLC-Foto-Studio GmbH,** Velen-Ramsdorf

Satz: LibroSatz, Kriftel
Druck: Appl, Wemding

817 2635 4453 62